delicious.
60x Grillrecepten

Niet alleen vis en vlees, maar ook groenten en fruit voelen zich thuis op de grill. Valli tovert zalm, worstjes en ribeye, maar ook aubergines en perziken om tot heerlijke, geurige geroosterde gerechten. Bereid op de barbecue, met een grillpan of in de oven. Leuk om te maken en met verrassende smaken. Dus fijn aan de slag in de keuken, aan tafel of in de tuin. Voor varkenskoteletten met perzikchutney, coquilles met bloemkoolskordalia, maïskoekjes met avocado en garnalen of sandwiches met aardbeien en brie. Enjoy!

Sinds het begin der tijden, toen de mens vuur en hitte ging gebruiken, zijn onze smaakpapillen verleid door het geluid en de geur van eten dat lag te sissen boven de hitte van het vuur.
Of je nu een beginnend kok bent of een aankomend meesterkok, je zult in *delicious 60 x grillrecepten* zeker iets vinden dat je inspireert – van decadente hoofdgerechten tot snelle, eenvoudige brunches en lekkere doordeweekse maaltijden.
Dit boek bevat allerlei bekende gerechten met smaken uit vele keukens, en we weten heel zeker dat je ze heerlijk gaat vinden en dat ze indruk gaan maken. Als je er open voor staat om verleid te worden, ontsteek dan het vuur, zet er een pan op en aan de slag op die grill.

Inhoud

Rund- en Kalfsvlees

- 6 Rundvlees aan citroengrasspiesen met komkommersalade
- 8 Vitello-tonnatoburgers
- 10 Steak met snelle bearnaise
- 12 Bulgogi met snelle pickles
- 14 Moorse rundvleesspiesen met bloemkoolcouscous
- 16 Mexicaanse steaksandwich
- 18 Peppersteakburger
- 20 Cevapi
- 22 Worstjes in currysaus
- 24 Ribeye met frambozensaus
- 26 Yakitori met groene thee en Japanse gekruide rijst

Lamsvlees

- 28 Lamskoteletjes met pittige groentechips
- 30 Rozemarijn-lamskebabs met citroen-olijvenrelish
- 32 Een lekkere lams-wrap
- 34 Gekruide lamskoteletjes en doperwten-salade met feta
- 36 Lamsgehaktballetjes met ingemaakte citroen en geplette-tuinbonensalade
- 38 Lamsfilets in za'atar-korst met kikker-erwten-sperziebonensalade
- 40 Pittige hummus

Zeebanket

- 42 Zalmspiesen met venkel-sinaasappelsalade
- 44 Cocktail met geroosterde garnalen
- 46 Gebakken vis en tartaarsaus met moutazijn
- 48 In thee 'gerookte' zalm
- 50 Tonijnburgers met wasabi
- 52 Griekse salade met calamari
- 54 Tonijn met groene-theenoedels
- 56 Coquilles met bloemkoolskordalia en kerriedressing
- 58 Mexicaanse maïskoekjes met avocado en garnalen
- 60 Chermoula-vis met tahinsaus
- 62 Pittige zwaardvis met avocado-limoensalsa
- 64 Wijting in kruim met citrussalade
- 66 Pittige knoflookgarnalen in bier
- 68 Zalm met tomaat-kokossambal
- 70 Gefrituurde pijlinktvis met limoen-gembermayo

Gevogelte

- 72 Mexicaanse kip met rokerige tomatensalsa
- 74 Kip met Tunesische specerijen, hummus en granaatappel
- 76 Geplette kwartel met Aziatische gremolata
- 78 Tapas op de barbecue
- 80 Kip met wasabikruim
- 82 Caesarsalade met kip in pankokorst
- 84 Oreganokip op bonen-olijvensalade
- 86 Kwartel met rozenblaadjes en yoghurt
- 88 Pittige kip met lepelsalade

Varkensvlees

- 90   Varkenskoteletten met snelle perzikchutney
- 92   Saltimbocca van varkensworstjes
- 94   Spaanse eieren
- 96   Varkensvlees op Spaanse wijze en sinaasappelsalade met maanzaad
- 98   Doperwtenkoekjes met pancetta en zoete chilisaus
- 100 Worstjes met druiven en witte wijn
- 102 Worstjes met jam van rodekool en rode uien
- 104 Gebakken ei met baconjam
- 106 XO-roerbak van varkensvlees met Aziatische groenten
- 108 Wraps met gegrilde courgette
- 110 Halloumi met mediterrane salade
- 112 Bietenburgers
- 114 Bruschetta met asperges, tuinbonen en ei
- 116 Auberginetimbaaltjes met pesto
- 118 Asperges met halloumi
- 120 Spinaziegnudi met salieboter
- 122 Knapperige polenta met paddenstoelen, truffelolie en taleggio
- 124 Sandwiches met aardbeien en brie

Rundvlees aan citroengrasspiesen met komkommersalade

hoofdgerecht (4 personen)

4 x 200 g haasbiefstuk
4 stengels citroengras
zonnebloemolie, om te bestrijken

Marinade
60 ml arachideolie
½ rode ui, fijngesneden
2 tenen knoflook, fijngehakt
2 el fijngesneden koriander
2 citroenblaadjes*, in fijne reepjes
2 tl geelwortelpoeder
1 tl gemalen komijnzaad
2 el sojasaus
1 tl palmsuiker*
1 el limoensap

Komkommersalade
3 snackkomkommers of ½ komkommer
65 g palmsuiker*
60 ml limoensap + extra partjes, voor erbij
2 kleine rode chilipepers, zaadjes verwijderd, fijngehakt
4 sjalotten, in dunne ringen
1 el vissaus
35 g geroosterde pinda's, grof gehakt

Mix alle ingrediënten voor de marinade in een blender tot een gladde puree. Giet in een schaal. Snijd het vlees in blokjes van 4 cm en schep ze door de marinade. Zet ze afgedekt 1 uur in de koelkast.

Snijd intussen voor de komkommersalade de komkommers in dunne reepjes, doe ze in een zeef en bestrooi met zout. Laat 20 min. boven de gootsteen uitlekken. Spoel ze af en dep met keukenpapier droog. Roer in een kommetje palmsuiker, limoensap, chilipeper, sjalot en vissaus door elkaar tot de suiker is opgelost. Voeg zout en peper naar smaak toe en zet deze dressing opzij.

Knip de citroengrasstengels op 15 cm af. Rijg de blokjes vlees aan de stengels en laat ze op kamertemperatuur komen.

Verhit een grillpan of barbecue tot middelheet.

Vet de grillpan of de grillplaat van de barbecue in met olie en rooster de spiesen 4-5 min. tot de blokjes rundvlees vanbuiten goed gekleurd en vanbinnen nog rood zijn. Laat ze losjes afgedekt met aluminiumfolie 5 min. rusten.

Schep de dressing door de komkommer en roer de pinda's erdoor. Serveer de spiesen met de komkommersalade.

Bereiden ± 25 min. / marineren ± 1 uur

* **Citroenblad** (kaffir limeblad) is het geurige blad van de papeda, een Aziatische citrusvrucht, en is vers, gedroogd en diepgevroren te koop. Gebruik als je alleen gedroogde blaadjes kunt vinden een groter aantal, omdat ze veel minder smaak afgeven. **Palmsuiker** is afkomstig van het sap van verschillende palmsoorten en wordt veel gebruikt in de Aziatische keukens. De suiker varieert in kleur en consistentie, en wordt vaak in blokken verkocht die voor gebruik geraspt of geschaafd moeten worden. Vervang door fijne rietsuiker of donkerbruine basterdsuiker.

Vitello-tonnatoburgers

hoofdgerecht (4 personen)

800 g kalfsgehakt
1 kleine ui, fijngehakt
1 teen knoflook, fijngehakt
65 g kappertjes op pekel, uitgelekt, afgespoeld en fijngehakt + 2 el hele kappertjes
40 g gehakte zwarte olijven
rasp van 1 (bio)citroen
10 g fijngesneden bladpeterselie
1 el olijfolie + extra om in te vetten
4 hamburgerbroodjes, opengesneden, geroosterd
slablaadjes, plakjes tomaat en partjes citroen, voor erbij

tonnatosaus

1 blik van 185 g tonijn op olie, uitgelekt
300 g mayonaise
1 el kappertjes, afgespoeld, uitgelekt
2 tl (bio)citroenrasp + 1 el citroensap
1-2 ansjovisfilets op olie, uitgelekt (naar keuze)

Vermeng in een kom het kalfsgehakt met ui, knoflook, gehakte kappertjes, olijven, citroenrasp en peterselie en voeg zout en peper naar smaak toe. Vorm er vier dikke hamburgers van en laat ze 1 uur in de koelkast opstijven.

Verhit intussen de olijfolie in een koekenpan op middelhoog tot hoog vuur. Bak de hele kappertjes hierin in 1 min. knapperig. Zet opzij.

Pureer alle ingrediënten voor de tonnatosaus in een keukenmachine glad. Zet opzij.

Verhit de barbecue of een grillpan tot goed heet.

Bestrijk de burgers rondom met een beetje olie en gril ze in 2-3 min. aan elke kant gaar.

Smeer een laagje tonnatosaus op de onderste helft van de hamburgerbroodjes en leg er slablaadjes, hamburgers, nog wat tonnatosaus, gebakken kappertjes en tomaat op. Leg het kapje op de broodjes en serveer ze met een partje citroen.

Bereiden ± 20 min. / opstijven ± 1 uur

Steak met snelle bearnaise

hoofdgerecht (4 personen)

2 el dragonazijn* of wittewijnazijn
1 sjalot, fijngesneden
6 zwarte peperkorrels
2 el fijngesneden dragonblaadjes*
4 ribeyesteaks
2 el olijfolie, om in te vetten
3 eierdooiers
140 g boter
waterkers of rucola, voor erbij
dunne frites, voor erbij

Zet een pan met azijn, sjalot, peperkorrels, de helft van de dragon en 2 eetlepels water op middelhoog vuur en laat dit alles in 1 min. tot 1 eetlepel inkoken.

Bestrijk de steaks met olijfolie en bestrooi ze met zout en peper. Verhit een grillpan op hoog vuur en rooster de steaks 3-4 min. aan elke kant voor rosé vlees (of rooster ze zo gaar als je lekker vindt). Laat ze losjes afgedekt met aluminiumfolie 5 min. op een warme plek rusten.

Mix intussen de eierdooiers met het ingekookte vocht in een blender. Smelt de boter in een pan op middelhoog tot laag vuur. Voeg terwijl de motor draait rustig en geleidelijk de warme, nog borrelende gesmolten boter toe zodat het een dikke saus wordt. Roer de achtergehouden dragon erdoor. Sprenkel de saus over de steaks, bestrooi ze met zout en peper en dien ze op met de waterkers en frites.
Bereiden ± 15 min./ rusten ± 5 min.

* **Dragonazijn** koop je in delicatessenwinkels en grote supermarkten. **Dragon** is een kruid waarvan er twee soorten zijn. De Franse dragon heeft langwerpige getande blaadjes en een opvallend anijsaroma en -smaak – het is een klassieke combinatie met kip en is onmisbaar in bearnaisesaus. De Russische soort is grover en heeft veel minder aroma. Verse dragon koop je bij de groenteman of kweek je zelf.

Bulgogi met snelle pickles

voorgerecht (4-6 personen)

300 g runderhaas
100 ml sojasaus
1 kleine ui, geraspt
1 tl sesamolie
2 tl fijngeraspte
 gemberwortel
2 el bruine basterdsuiker
3 tenen knoflook, fijngehakt
2 kroppen botersla, bladeren
 losgehaald
gestoomde pandanrijst,
 reepjes bosui en dunne
 ringetjes rode chilipeper,
 voor erbij

snelle pickles
90 g fijne kristalsuiker
185 ml rijstazijn
1 wortel, als lucifers
 gesneden
½ daikon*, geschild, als
 lucifers gesneden

Wikkel het vlees in plasticfolie en leg het 1 uur in de vriezer (je kunt het dan gemakkelijker in dunne plakken snijden).
 Roer in een kom sojasaus, ui, sesamolie, gember, basterdsuiker en knoflook door elkaar. Snijd het vlees met een vlijmscherp mes in dunne plakken en wentel ze door de marinade. Zet de kom afgedekt minstens 2 uur in de koelkast.
 Verwarm intussen voor de pickles suiker, azijn, 100 ml water en een flinke snuf zout in een pan op middelhoog tot laag vuur en roer tot de suiker is opgelost. Neem de pan van het vuur, roer de groenten door de marinade en laat ze minstens 2 uur intrekken.
 Verhit een barbecue of grillpan tot goed heet.
 Laat het vlees uitlekken en gooi de marinade weg. Gril het vlees in kleine porties in steeds 10 sec. aan elke kant goudbruin.
 Verdeel de slabladeren over de borden met daarop een schep rijst, vlees, bosui en rode peper. Giet de ingemaakte groenten af en serveer ze bij de bulgogi.
Bereiden ± 15 min./wachten ± 3 uur

* **Daikon** (of mooli) is een Japanse witte rammenaswortel met een pittige radijssmaak. Te koop bij Aziatische supermarkten, natuurwinkels en goed gesorteerde groentewinkels.

Moorse rundvleesspiesen met bloemkoolcouscous

hoofdgerecht (4 personen)

2 el komijnzaad
1 el mild paprikapoeder
½ tl pimentón*
1 tl nootmuskaat
1 tl geelwortelpoeder
½ tl cayennepeper
15 g fijngesneden bladpeterselie
2 tenen knoflook, fijngesneden
125 ml Pedro Ximénez* of andere zoete sherry
80 ml extra vergine olijfolie
1,2 kg rundvlees van de dikke lende, in 4 stukken
1 citroen, in dikke plakjes
ook nodig: 8 houten satépennen, 1 uur in koud water gelegd (of metalen pennen)

bloemkoolcouscous
150 g couscous
200 g bloemkoolroosjes
2 el extra vergine olijfolie
40 g gedroogde cranberry's
2 el pistachenootjes
10 g fijngesneden bladpeterselie

Vermeng de specerijen met peterselie, knoflook, sherry en olijfolie in een grote glazen of aardewerken schaal. Wentel de stukken vlees erdoor en zet de schaal afgedekt met plasticfolie 4 uur in de koelkast om te marineren.

Doe intussen de couscous in een kom en giet er 185 ml warm water over. Dek de kom af met een theedoek en zet opzij. Kook de bloemkool in gezouten water in 3 min. net gaar (niet té gaar). Giet de bloemkool af en spoel hem onder de koude kraan. Dep de bloemkool met keukenpapier droog en hak in een keukenmachine met de pulseknop tot het op broodkruim lijkt. Haal de couscouskorrels met een vork los van elkaar, breng op smaak met zeezout en versgemalen zwarte peper en roer er bloemkool, olijfolie, cranberry's, pistachenoten en peterselie door.

Laat het vlees uitlekken en rijg het aan de satépennen. Verhit een grillpan of de barbecue tot goed heet. Rooster de spiesen, ze regelmatig kerend, 3-4 min. tot het vlees goudbruin en vanbinnen medium rood is; bestrijk de spiesen regelmatig met de marinade. Gril de schijfjes citroen 1-2 min. aan elke kant tot ze licht gekleurd zijn.

Serveer de rundvleesspiesen met de bloemkoolcouscous en de gegrilde citroenschijfjes.
Bereiden ± 20 min. / marineren ± 4 uur

* **Pimentón**, Spaans paprikapoeder, is er in drie soorten: dulce (zoet of mild), agridulce (met een vleugje scherpte) en picante (scherp). De lekkerste is pimentón de la Vera, waarvoor de paprika's boven eikenhout zijn gerookt (wat ze een opvallende rokerige smaak geeft), waarna ze worden gedroogd en tot poeder gemalen. **Pedro Ximénez** is een rijke, zoete donkere sherry met uitgesproken druivensmaak van een witte druif met dezelfde naam, vaak afgekort tot PX. Vervang eventueel door andere zoete Spaanse sherry.

Mexicaanse steaksandwich

lunchgerecht (4 stuks)

1 teen knoflook, fijngehakt
¼ tl paprikapoeder
½ tl gemalen komijnzaad
½ tl gedroogde oregano
1 tl limoensap
100 ml olijfolie
2 entrecotes van 180 g elk, horizontaal doormidden gesneden tot 4 dunne steaks
3 bosuien, in dunne ringetjes
de blaadjes van 1 bos koriander
2 verse jalapeñopepers* of andere lange groene chilipepers, zaadjes verwijderd, fijngehakt
4 rijpe trostomaten, fijngehakt
2 el rodewijnazijn
4 knapperige broodjes (pistoletjes), opengesneden en geroosterd
guacamole, kant-en-klaar

Vermeng in een kom knoflook, paprikapoeder, komijn, oregano, limoensap, 1 eetlepel olijfolie en wat zout en peper. Wentel de steaks door deze marinade en leg ze afgedekt 2-3 uur in de koelkast. Laat de steaks uitlekken en op kamertemperatuur komen.

Doe bosui, driekwart van de koriander, jalapeñopeper, tomaat, azijn en overgebleven olie in een schaal. Voeg zout en peper naar smaak toe en meng alles luchtig door elkaar. Zet de salsa apart.

Verhit een grillplaat op hoog vuur en gril de steaks 1 min. aan elke kant tot er een grillpatroon ontstaat, dit kan ook op de barbecue. Laat de steaks daarna, losjes afgedekt met aluminium-folie, nog 2 min. rusten.

Besmeer de geroosterde broodjes met guacamole, leg er een steak op, schep daarop wat salsa en garneer met koriander. Schenk er Mexicaans bier bij.
Bereiden ± 25 min. / marineren ± 2-3 uur

* **Jalapeñopepers** variëren in smaak van gemiddeld tot uiterst scherp. Ze krijgen na het drogen en roken een rijke, zoete, rokerige smaak en worden dan **chipotles** genoemd. Ze zijn ook ingemaakt in een pot te koop als chipotlepepers in adobosaus.

Peppersteakburger

snack of lunchgerecht
(4 personen)

800 g rundergehakt
1 ui, fijngesneden
1 ei, losgeklopt
10 g fijngesneden peterselieblaadjes
1 el olijfolie
2 el groene peperkorrels in pekel, uitgelekt, licht gekneusd met een vork
2 el cognac
1 tl dijonmosterd
150 ml slagroom
4 sneetjes zuurdesembrood, geroosterd, ingewreven met ½ teen knoflook

Verwarm de oven voor op 170 °C.
Doe het gehakt met ui, ei en 2 eetlepels peterselie in een kom. Voeg zout en peper naar smaak toe en vermeng alles met de hand. Vorm met vochtige handen 4 dikke hamburgers van het mengsel. Zet ze afgedekt 10 min. in de koelkast.
Verhit de olie in een koekenpan op middelhoog vuur. Bak de burgers 2 min. aan elke kant tot ze bruin zijn. Leg ze op een bakplaat en bak ze in de oven in 5 min. gaar.
Giet intussen het vet uit de koekenpan. Doe peperkorrels, cognac, mosterd en room in de pan en laat de saus op middelhoog tot laag vuur 2-3 min. inkoken tot hij licht gebonden is. Breng op smaak met zeezout en roer de overgebleven peterselie erdoor.
Leg op elk bord een snee zuurdesembrood, leg er een hamburger op, besprenkel met de pepersaus en dien ze op.
Bereiden ± 10 min. / koelen ± 10 min. / oven ± 5 min.

Cevapi

hoofdgerecht (10 stuks)

500 g mager rundergehakt
100 g mager lamsgehakt
250 g mager varkensgehakt
3 tenen knoflook, fijngehakt
1 el zuiveringszout*
2 el paprikapoeder
olijfolie, om in te vetten en te besprenkelen
ajvarrelish*, zure room en rucola, voor erbij

Doe alle soorten gehakt met knoflook, zuiveringszout en paprikapoeder in een keukenmachine en voeg 2 theelepels zout en royaal versgemalen zwarte peper toe; mix alles met de pulseknop tot het net is vermengd.

Vorm met vochtige handen 10 worstjes van het gehaktmengsel en laat ze in de koelkast minstens 10 min. opstijven.

Verhit een grillpan, koekenpan of grillplaat op een barbecue middelheet tot heet. Bestrijk de cevapi dun met olijfolie en rooster ze in 3-5 min. rondom goudbruin en gaar. Serveer ze met de ajvarrelish en de zure room. Bestrooi ze met zwarte peper en rucolablaadjes en sprenkel er wat extra olijfolie over.
Bereiden ± 10 min. / koelen ± 10 min. / grillen ± 3-5 min.

* **Zuiveringszout** (of baking soda) is te koop bij winkels met bak-ingrediënten, de natuurwinkel of de toko. **Ajvarrelish** is een gerecht uit de Balkan van geroosterde rode paprika, knofklook en aubergine. Je koopt de relish bij delicatessenzaken en mediterrane winkels.

Worstjes in currysaus

hoofdgerecht (4 personen)

1 el olijfolie
12 verse kerrieblaadjes*
  + extra om te bakken
1 tl panch phoron*
1 kleine ui, in dunne ringen
½ lange groene chilipeper,
  zaadjes verwijderd,
  fijngehakt
2 tenen knoflook, fijngehakt
2 tl geraspte gemberwortel
1 tl mild paprikapoeder
½ tl kerriepoeder
1 blik van 400 g tomaten-
  blokjes
1 tl fijne kristalsuiker
1 tl tamarindepasta*
1 blik van 400 g kikkererwten,
  afgespoeld en uitgelekt
1 el fijngesneden koriander
12 smalle varkens- of
  runderworstjes (chipolata's)
aardappelpuree, voor erbij

Verhit voor de currysaus de olie in een koekenpan op middelhoog vuur. Doe er kerrieblaadjes en panch phoron in en roerbak 1 min. tot ze geuren. Doe de ui erbij en laat hem zachtjes glazig worden. Bak ook chilipeper, knoflook en gember 1 min. mee. Doe er paprika- en kerriepoeder bij en bak weer 1 min. Roer er tomaat, suiker en tamarinde door en laat alles af en toe roerend 10-15 min. pruttelen tot de saus bindt en de olie zich afsplitst. Voeg 250 ml water toe, breng de saus aan de kook en roer de kikkererwten en koriander erdoor, laat nog 5 min. pruttelen.

Bak intussen de worstjes in een koekenpan op middelhoog tot hoog vuur en keer ze regelmatig totdat ze rondom bruin en gaar zijn. Bak in dezelfde pan de extra kerrieblaadjes krokant en laat ze op keukenpapier uitlekken.

Serveer de worstjes met aardappelpuree, saus en gebakken kerrieblaadjes.
Bereiden ± 45 min.

* **Kerrieblaadjes** zijn de blaadjes van de kerriestruik. Ze hebben een opvallende pittige citrussmaak. Ze worden in curry's meegetrokken of aan het eind van de bereiding met chilipepers en mosterdzaad gebakken om Indiase gerechten mee af te maken. De blaadjes zijn vers of uit de diepvries verkrijgbaar. Gedroogde kerrieblaadjes hebben weinig smaak, daar moet je meer van gebruiken. **Panch phoron** is een Indiase mix van vijf specerijen: komijn, fenegriek, nigella, venkel en zwart mosterdzaad (zaadjes of poeder). **Tamarindepasta** is een dikke, donkere, zure moes, gemaakt van ingekookte tamarindepeulen; verkrijgbaar als stevige pasta met of zonder pitten of als zuivere tamarindepasta in een pot. Vervang de pasta door azijn of limoensap. Alle producten zijn te koop in Aziatische supermarkten.

Ribeye met frambozensaus

hoofdgerecht (4 personen)

1 el olijfolie
10 g boter
4 ribeyes van 180 g elk
250 ml rode wijn
2 el fijne kristalsuiker
250 g frambozen
250 ml goede kwaliteit runderbouillon
3 el crème fraîche of zure room
aardappelpuree en gestoomde fijne sperzieboontjes, voor erbij

Verhit de olie en de boter in een koekenpan op hoog vuur. Bestrooi de steaks met zout en peper en bak ze 2-3 min. aan elke kant zodat ze goudbruin en vanbinnen nog roze zijn of bak ze naar wens iets langer. Leg de steaks op een bord, zet ze losjes afgedekt met aluminiumfolie opzij en maak in die tijd de saus.

Zet de pan weer op middelhoog vuur en voeg rode wijn, suiker en het grootste deel van de frambozen toe (houd ± 75 g achter om te garneren). Roer 2-3 min. tot de vruchten uiteenvallen. Roer de bouillon erdoor en laat de saus in 3-4 min. tot stroperig inkoken. Klop er crème fraîche of zure room door en breng op smaak met zout en peper. Zeef de saus, gooi wat achterblijft in de zeef weg en giet de saus in de pan. Voeg het uitgelopen vleesvocht en de achtergehouden frambozen toe en verwarm de saus.

Serveer de steaks op aardappelpuree met sperzieboontjes en sprenkel de frambozensaus erover.
Bereiden ± 25 min.

Yakitori met groene thee en Japans gekruide rijst

hoofdgerecht (4 personen)

80 ml lichte sojasaus
2 el zoete chilisaus
2 stengels citroengras, alleen de kern, geraspt
1 tl chiliolie*
2 tl losse groene thee
1 cm gemberwortel, geraspt
2 el fijngesneden korianderblaadjes
600 g biefstuk van de haas, in blokjes van 3 cm
300 g pandanrijst
1 el Japanse furikake kruidenmix* (of naar smaak)
ingemaakte gember* en mizunasla*, voor erbij
ook nodig: 12 houten satépennen, 1 uur in koud water gelegd

Doe de sojasaus met zoete chilisaus, citroengras, chiliolie, groene thee, gember en koriander in een grote kom. Meng de biefstuk erdoor en laat het vlees in de koelkast minstens 4 uur of tot de volgende dag marineren.

Kook de rijst volgens het voorschrift op het pak.

Verhit intussen de barbecue of zet een grillpan op middelhoog tot hoog vuur.

Laat de biefstuk uitlekken en rijg de blokjes aan de uitgelekte pennen. Rooster ze rondom in 3-4 min. goudbruin en nog rood vanbinnen, of naar wens iets langer.

Meng de furikakekruiden door de rijst. Serveer de yakitori met de gekruide rijst, ingemaakte gember en mizuna.
Bereiden ± 25 min. / marineren ± 4 uur

* **Chili-olie** koop je bij de Aziatische supermarkt. **Furikake** is een mix van o.a. gedroogde vis, gedroogde kruiden, zeewier, sesamzaad en ajimoto. **Ingemaakte gember** (gari): dunne plakjes verse gemberwortel ingelegd in azijn met suiker. **Mizuna** is Japanse sla, familie van de raapsteeltjes; het blad ziet er min of meer hetzelfde uit, maar de smaak is pittiger. Furikake, ingemaakte gember en mizuna zijn te koop in Aziatische supermarkten.

Lamskoteletjes met pittige groentechips

hoofdgerecht (4-6 personen)

2 el olijfolie + extra om in te frituren
2 el citroensap
2 tenen knoflook, fijngehakt
2 tl gedroogde oregano
12 lamskoteletjes, botjes schoongekrabd
1 el komijnzaad
1 tl pimentón*
½ tl peperkorrels
1 kumara*, geschild
1 pastinaak, geschild
1 rode biet, geschild

Roer in een grote schaal olijfolie, citroensap, knoflook en oregano door elkaar. Wentel de lamskoteletjes erdoor en zet de schaal afgedekt 30 min. in de koelkast.

Rooster intussen het komijnzaad 30 sec. in een droge koekenpan tot het geurt. Doe het komijnzaad met pimentón en de peperkorrels in een specerijenmolen of een vijzel en maal of wrijf alles tot fijn poeder. Roer er 2 theelepels zeezout door.

Snijd de kumara en pastinaak (op de mandoline*) in 1 mm dikke schijfjes, snijd dan ook de biet en houd deze schijfjes apart zodat de andere groenten niet verkleuren.

Verhit een licht met olie ingevette grillpan of een barbecue tot goed heet. Gril de lamskoteletjes in porties 2-3 min. aan elke kant tot ze goudbruin maar nog roze vanbinnen zijn. Houd ze afgedekt met aluminiumfolie warm in de lauwe oven.

Verhit intussen de extra olie in een frituur- of braadpan tot 190 °C (een blokje brood is hierin in 30 sec. goudbruin).

Bewaar de bietenschijfjes nog even en frituur de overige schijfjes in porties in 1-2 min. krokant en goudbruin. Laat ze op keukenpapier uitlekken. Frituur nu ook de biet. Schud de chips om met het kruidenzout en serveer ze bij de koteletjes.

Bereiden ± 40 min. / marineren ± 30 min. / grillen ± 8 min. / frituren ± 6-8 min.

* **Pimentón**, Spaans paprikapoeder, is er in drie soorten – dulce (zoet of mild), agridulce (met een vleugje scherpte) en picante (scherp). De lekkerste is pimentón de la Vera, waarvoor de paprika's boven eikenhout zijn gerookt (wat ze een opvallende rokerige smaak geeft), waarna ze worden gedroogd en tot poeder gemalen. **Kumara's** zijn zoete aardappels met gele schil en oranje vruchtvlees, afkomstig uit Australië en Nieuw-Zeeland. Gebruik gewone zoete aardappels als je ze niet kunt vinden. **Mandoline** is een rechthoekig apparaat met verschillende (vlijmscherpe) messen waarop je stevige ingrediënten snel in schijfjes, blokjes en reepjes (julienne) kunt snijden.

Rozemarijn-lamskebabs met citroen-olijvenrelish

hoofdgerecht (4 personen)

- 2 tenen knoflook, fijngesneden
- 2 el olijfolie
- 1 el fijngesneden rozemarijnnaaldjes
- 1 el paprikapoeder + wat extra om te bestrooien
- 1 el citroensap
- 500 g lamsfilet, in blokjes van 2 cm
- 3 trostomaten, zaadjes verwijderd, in kleine blokjes
- 1 el fijngesneden ingemaakte citroenschil* (afgespoeld en alleen het gele deel van de schil)
- 2 el fijngesneden kalamata-olijven, ontpit
- 2 el fijngesneden bladpeterselie
- Griekse yoghurt, voor erbij

ook nodig: 4 takjes rozemarijn of houten satépennen, 30 min. in koud water gelegd, zodat ze niet verschroeien

Vermeng in een glazen kom knoflook, olie, rozemarijnnaaldjes, paprikapoeder en citroensap. Voeg flink veel zout en peper toe en schep de blokjes vlees hierin om. Laat ze afgedekt 1-2 uur in de koelkast marineren.

Meng intussen in een andere kom tomaten, citroenschil, olijven en peterselie. Voeg wat zout en peper toe (pas op, de ingemaakte citroenschil is al vrij zout) en houd de relish apart.

Steek de blokjes vlees aan de rozemarijntakjes of de satépennen. Verhit een grillpan op matig tot hoog vuur of steek de barbecue aan. Gril de kebabs 6-8 min. onder af en toe keren tot ze mooi bruin, maar vanbinnen nog sappig zijn. Serveer de kebabs met de relish en de yoghurt, bestrooid met nog wat paprikapoeder.
Bereiden ± 20 min. / marineren 1 - 2 uur

*** Ingemaakte citroenen** zijn citroenen die in zout en citroensap worden ingelegd, waaraan soms kruiden zoals laurier en chilipepers worden toegevoegd. Ze zijn te koop in Turkse en Marokkaanse supermarkten. Kijk voor een recept op deliciousmagazine.nl/ingemaaktecitroenen.

Een lekkere lams-wrap

hoofdgerecht (4 stuks)

2 el extra vergine olijfolie
2 el fijngehakte oregano
2 tenen knoflook, fijngehakt
2 lamsfilets van 250 g elk, van vet ontdaan
4 bosuien, in dunne schuine ringen
120 g gemarineerde feta (pot), uitgelekt en verkruimeld
50 g ontpitte kalamataolijven, grof gehakt
2 parten ingemaakte citroen*, vruchtvlees verwijderd, de gele schil in fijne reepjes
60 g half-zongedroogde tomaatjes, fijngehakt
25 g muntblaadjes
100 g rucola
4 wraps

Roer in een kom olie, oregano en knoflook door elkaar. Wentel de lamsfilets door deze marinade en laat 30 min. staan.

Verwarm de oven voor op 190 °C.

Verhit een ovenvaste koekenpan op middelhoog tot hoog vuur. Bak de lamsfilets 2 min. aan elke kant. Zet de pan in de oven en bak het vlees nog ± 5 min. voor medium-rood. Haal ze uit de oven en laat ze losjes afgedekt met aluminiumfolie nog ± 5 min. staan.

Snijd het vlees in dunne plakken en doe deze in een schaal met bosui, feta, olijven, ingemaakte citroen, halfgedroogde tomaatjes en munt; vermeng alles losjes.

Verdeel wat rucola op de wraps, zet er een flinke schep lamsvleessalade op en rol de wrap op.

Bereiden ± 15 min. / marineren ± 30 min. / oven ± 5 min.

*** Ingemaakte citroenen** zijn citroenen die worden ingelegd in zout en citroensap, waaraan soms kruiden zoals laurier en chilipeper worden toegevoegd. Ze zijn te koop in Turkse en Marokkaanse supermarkten en delicatessenwinkels. Kijk voor een recept op deliciousmagazine.nl/ingemaaktecitroenen.

Gekruide lamskoteletjes en doperwtensalade met feta

hoofdgerecht (4 personen)

1 el zwarte peperkorrels
2 tenen knoflook
2 lange rode chilipepers, zaadjes verwijderd, fijngehakt
2 el tijmblaadjes
2 el gehakte salieblaadjes
2 el fijngesneden bladpeterselie
60 ml olijfolie
12 lamskoteletjes, botjes schoongeschraapt
1 tl dijonmosterd
1 tl honing
rasp en sap van 1 (bio)citroen
125 ml extra vergine olijfolie

doperwtensalade

250 g peultjes, afgehaald
250 g sugarsnaps, afgehaald
200 g diepvriesdoperwten
50 g muntblaadjes
200 g gemarineerde feta (pot), uitgelekt

Doe de peperkorrels met knoflook, de helft van de rode chilipeper en 1 theelepel zout in een vijzel en wrijf alles grof met de stamper. Voeg de kruiden toe en wrijf tot het een grove pasta is. Roer de olie door de pasta en schep hem in een grote schaal. Wentel de koteletjes erdoor zodat ze rondom zijn bedekt. Zet ze afgedekt 30 min. bij kamertemperatuur opzij.

Verhit een grillpan of de barbecue tot middelheet of heet.

Gril de koteletjes 2-3 min. aan elke kant voor medium-rood of naar smaak iets langer. Laat ze losjes afgedekt met aluminiumfolie 5 min. rusten.

Blancheer intussen voor de salade de peultjes, sugarsnaps en doperwten 3 min. in kokend water met zout tot ze net gaar zijn. Giet ze af en dompel ze in ijskoud water. Laat de groenten uitlekken. Schud ze op een serveerschaal en verdeel de munt en feta erop.

Roer de mosterd, honing, citroenrasp en -sap met de overgebleven rode chilipeper door elkaar. Voeg al roerend de extra vergine olijfolie toe. Breng op smaak met zout en peper.

Schik de koteletjes op de doperwtensalade, besprenkel met de honingdressing en serveer.

Bereiden ± 35 min. / marineren ± 30 min.

Lamsgehaktballetjes met ingemaakte citroen en geplette-tuinbonensalade

hoofdgerecht (4 personen)

35 g vers broodkruim
60 ml melk
500 g lamsgehakt
1 teen knoflook, fijngehakt
40 g geraspte parmezaan
2 el fijngesneden ingemaakte citroenschil*
12 g fijngesneden muntblaadjes +extra blaadjes voor erbij
500 g gedopte verse of diepvriestuinbonen
1 tl citroenrasp
2 el olijfolie
warm platbrood, toefjes waterkers, Griekse yoghurt en parten citroen, voor erbij

Roer in een kom het broodkruim en de melk door elkaar. Zet 5 min. opzij.

Doe het lamsgehakt met knoflook, parmezaan, ingemaakte citroenschil en de helft van de gesneden munt in een schaal. Voeg royaal zeezout en versgemalen zwarte peper toe en ook het broodkruimmengsel en vermeng alles goed. Maak van het lamsgehakt balletjes van 3 cm doorsnee en leg ze op een bord. Zet ze afgedekt 30 min. in de koelkast om op te laten stijven.

Kook de verse tuinbonen 3 min. in een pan met kokend water of blancheer de diepvriesbonen 1 min. Giet ze af, spoel ze onder de koude kraan en druk de zachte groene boontjes uit de stevige vliezen (dubbel doppen). Doe de halve groene tuinboontjes in een schaal met citroenrasp, 1 eetlepel olie en de overgebleven fijngesneden munt, doe er naar smaak zeezout en peper bij en plet de boontjes grof met een vork.

Verhit de overgebleven eetlepel olie in een grote koekenpan op middelhoog tot hoog vuur. Bak de gehaktballetjes al kerend in 4-5 min. goudbruin en gaar.

Serveer de gehaktballetjes met platbrood, tuinbonensalade, waterkers, yoghurt, citroenparten en de extra muntblaadjes.
Bereiden ± 35 min. / koelen ± 30 min.

* **Ingemaakte citroenen** zijn citroenen die in zout en citroensap worden ingelegd, waaraan soms kruiden zoals laurier en chilipeper worden toegevoegd. Ze zijn te koop in Turkse en Marokkaanse supermarkten. Of kijk voor een recept op deliciousmagazine.nl/ingemaaktecitroenen.

Lamsfilets in za'atar-korst met kikkererwten-sperziebonensalade

hoofdgerecht (4 personen)

4 lamsfilets van 150 g elk
45 ml olijfolie
30 g za'atar*
300 g sperziebonen, afgehaald
1 blik van 400 g kikkererwten, afgespoeld en uitgelekt
25 g muntblaadjes, gesnipperd

tahindressing

140 g tahin*
3 tenen knoflook, fijngehakt
sap van 1 citroen
een snuf cayennepeper
een snuf gemalen korianderzaad
een snuf gemalen kardemom

Wrijf de lamsfilets rondom in met 2 eetlepels olijfolie en wentel ze door de za'atar. Bestrooi ze met zout en peper en zet het vlees opzij.

Klop alle ingrediënten voor de dressing in een blender door elkaar. Voeg terwijl de motor draait geleidelijk 125 ml warm water toe tot de dressing glad is. Breng op smaak met zout en peper en zet opzij.

Blancheer de sperziebonen in kokend water met zout in 2 min. net gaar. Giet ze af en dompel ze in ijswater. Doe de uitgelekte bonen met kikkererwten en munt in een schaal.

Verhit de overgebleven eetlepel olie in een koekenpan op middelhoog tot hoog vuur en bak de lamsfilets 3 min. aan elke kant, ze zijn dan roze, of bak ze naar smaak iets langer. Laat ze losjes afgedekt met aluminiumfolie 5 min. rusten.

Meng de helft van de tahindressing door de salade. Snijd het lamsvlees in dikke plakken en serveer ze met de salade en de achtergehouden dressing.

Bereiden ± 30 min. / rusten ± 5 min.

* **Za'atar** is een specerijenmengsel van gedroogde, verpulverde hysop, gemalen sumak, geroosterd sesamzaad en zout. **Tahin** is een pasta van sesamzaad. Beide zijn te koop in Midden-Oosterse winkels.

Pittige hummus

**hapje of voorgerecht
(4 personen)**

125 ml extra vergine olijfolie
 + 1 el om in te bakken
1 tl gedroogde chilivlokken
2 blikken van 400 g
 kikkererwten, afgespoeld
 en uitgelekt
75 g walnoten, geroosterd
2 tenen knoflook
2 tl gemalen komijnzaad
sap van 1 citroen
1 rode ui, fijngesneden
150 g lamsgehakt
1 tl sumak*
2 el fijngesneden koriander
 + extra blaadjes om te
 garneren
evt. pitten van
 ½ granaatappel*
platbrood, voor erbij

Maak 1 dag van tevoren de chiliolie. Verhit olijfolie en chilivlokken in een steelpan 2-3 minuten op laag vuur. Haal van het vuur en laat de olie 1 dag staan.

Houd 60 g kikkererwten apart. Doe de overige erwten in een keukenmachine met de walnoten, 1 teen knoflook, 1 theelepel komijn, de helft van het citroensap en de helft van de chiliolie (bewaar de rest voor een andere keer). Pureer alles glad en breng op smaak met zout en peper. Proef de hummus en voeg eventueel nog een beetje citroensap toe en een scheutje warm water om de hummus wat zachter te maken. Zet apart en maak het lamsgehakt aan.

Verhit 1 eetlepel olie in een koekenpan op middelhoog vuur en laat de ui al omscheppend in 3-4 min. glazig worden. Doe het lamsgehakt en de overgebleven knoflook erbij en roerbak 6-8 min. tot het gehakt bruin is. Roer er sumak en resterende komijn door, breng op smaak met zout en peper en roer de fijngesneden koriander erdoor.

Strijk voor het opdienen de hummus uit op een schaal en strooi het lamsgehakt, de granaatappelpitten en de achtergehouden kikkererwten erover. Garneer met korianderblad en geef het platbrood erbij.

Bereiden ± 35 min. / wachten 1 dag

* **Sumak** is een citrusachtige, mediterrane specerij van de gemalen gedroogde bessen van de sumakstruik. Je vindt het in Midden-Oosterse en mediterrane supermarkten. **Granaatappels** zijn in het seizoen bij de groenteman te koop.

Zalmspiesen met venkel-sinaasappelsalade

hoofdgerecht (4 personen)

4 x 120 g zalmfilet zonder vel, in blokjes van 2 cm
2 (bio)limoenen met schil, in blokjes van 2 cm
1 venkelknol, in dunne plakken (een mandoline is hiervoor ideaal) + venkelgroen om te garneren
2 (bio)sinaasappels, gepeld, in 5 mm dikke ronde plakken + reepjes schil om te garneren
1 kleine rode ui, in dunne ringen
ook nodig: 8 houten satépennen, 30 min. in koud water gelegd

dressing

125 ml olijfolie
2 el wittewijnazijn
sap van 1 grote citroen
2 el fijngesneden bladpeterselie

Schud alle ingrediënten voor de dressing met wat zout en peper in een jampot met schroefdeksel door elkaar. Proef en doe er naar smaak nog wat zout en peper bij.

Doe de zalm in een kom en giet de helft van de dressing erover, wentel de stukjes goed erdoor. Rijg afwisselend blokjes zalm en limoen aan de spiesen.

Verhit een grillpan tot goed heet. Rooster de zalmspiesen 2-3 minuten; keer ze regelmatig tot ze lichtbruin en net gaar zijn.

Verdeel venkel, sinaasappel en ui over vier diepe borden. Maak de salade aan met de overgebleven dressing en leg op elke portie twee zalmspiesen. Garneer met venkelgroen en sinaasappelschil en serveer.

Bereiden ± 25 min.

Cocktail met geroosterde garnalen

voorgerecht (4 personen)

½ krop ijsbergsla, bladeren in stukjes gescheurd
1 avocado, in plakken
1 mango, in blokjes van 1 cm
12 grote rauwe garnalen, gepeld, darmkanaal verwijderd, staartjes eraan gelaten
2 tl olijfolie
1 el fijngeknipte bieslook

cocktailsaus
100 g mayonaise
2 el tomatenketchup
1 el slagroom
1 el worcestersaus
sap van ½ citroen

Roer voor de cocktailsaus mayonaise, tomatenketchup, room, worcestersaus en citroensap in een kommetje door elkaar en breng op smaak met zout en peper.

Verdeel de slablaadjes over 4 borden, voeg de plakken avocado en de mangoblokjes toe en sprenkel er wat cocktailsaus over.

Verhit een grillpan tot goed heet of gebruik de barbecue. Bestrijk de garnalen rondom met olie en bestrooi royaal met zout en versgemalen zwarte peper. Rooster de garnalen 1-2 min. aan elke kant tot ze lichtroze en gaar zijn.

Schik op elk bord 3 garnalen. Sprenkel er nog wat cocktailsaus over en bestrooi met bieslook.
Bereiden ± 20 min.

Gebakken vis en tartaarsaus met moutazijn

hoofdgerecht (4 personen)

2 el olijfolie
8 witte visfilets met vel (bijv. zeebaars)
150 g mayonaise met ei
3 el slagroom
80 ml moutazijn + extra voor erbij
1 el fijngehakte augurkjes (of kleine ingemaakte komkommers)
1 el fijngesneden verse dragonblaadjes*
1 el fijngesneden bladpeterselie + extra om te garneren
ovenfrites, voor erbij

Verhit de olie in een koekenpan met antiaanbaklaag op middelhoog vuur. Bestrooi de vis aan beide kanten met zout en peper en bak de filets 2 min. aan elke kant tot het vel krokant en de vis gaar is.

Houd de vis warm terwijl je de saus maakt.

Giet het grootste deel van de olie uit de pan. Voeg mayonaise, room, azijn en augurkjes toe en roer 1-2 min. tot de saus warm is. Neem de pan van het vuur en roer dragon en peterselie door de saus.

Verdeel de visfilets met de frites over de borden en besprenkel ze met tartaarsaus. Bestrooi met zout en peper, garneer met peterselie en geef er extra moutazijn bij voor bij de frites. Bereiden ± 15 min.

* **Dragon** is een kruid waarvan er twee soorten zijn. Franse dragon heeft langwerpige, getande blaadjes en een opvallend anijsaroma en -smaak – en is onmisbaar in bearnaisesaus. De Russische soort is grover en heeft veel minder aroma. Dragon koop je bij de groenteman of kweek je zelf.

In thee 'gerookte' zalm

hoofdgerecht (4 personen)

1 zakjes lapsang-
souchongthee*
1 teen knoflook, fijngehakt
5 cm gemberwortel, geraspt
80 ml ketjap manis
1 el honing
1 el sesamolie
4 zalmfilets met vel
1 el olijfolie
jasmijnrijst en gestoomde
Aziatische groenten, voor
erbij

Vul een kan met 200 ml kokend water, hang de theezakjes erin en laat ze 5 min. trekken. Druk de theezakjes tegen de wand van de kan om alle smaak te behouden. Gooi de zakjes weg. Roer knoflook, gember, ketjap manis, honing en de helft van de sesamolie door de thee en laat afkoelen. Leg de zalm in een glazen of aardewerken schaal, giet de marinade erover en zet de schaal afgedekt minstens 4 uur of tot de volgende dag in de koelkast.

Haal de zalm uit de marinade, houd 125 ml van de marinade apart en dep de zalm droog met keukenpapier. Verhit de overgebleven sesamolie en de olijfolie in een koekenpan op middelhoog tot hoog vuur en bak de zalm 2 min. op de velkant, keer hem om en bak de andere kant 2 min. (of tot de vis naar wens gaar is).

Breng intussen de achtergehouden marinade op middelhoog tot laag vuur tot tegen de kook aan (laat niet koken). Serveer de zalm op de gestoomde rijst met de Aziatische groenten, besprenkeld met de saus.

Bereiden ± 20 min. / marineren ± 4 uur of langer

* **Lapsang-souchongtheezakjes** zijn te koop in grote supermarkten en gespecialiseerde theewinkels.

Tonijnburgers met wasabi

hoofdgerecht (4 personen)

500 g albacore tonijnfilet*, graatjes en vel verwijderd, fijngehakt
2 bosuien, fijngehakt
1 el sesamzaad
2 el vers broodkruim
2 el sojasaus
2 tenen knoflook, fijngehakt
2 tl fijngeraspte gemberwortel
15 g korianderblaadjes
1 kleine rode chilipeper, zaadjes verwijderd, fijngehakt
2 tl maïzena
1½ tl wasabipasta
1 el olijfolie
150 g mayonaise
4 bruine bolletjes, doormidden gesneden, geroosterd

gemarineerde groenten

1 rode chilipeper, zaadjes verwijderd, fijngehakt
1 el mirin*
1 el lichte sojasaus
2 tl fijne kristalsuiker
2 tl rijstazijn*
½ komkommer
2 worteltjes

Mix tonijn, bosui, sesamzaad, broodkruim, sojasaus, knoflook, gember, koriander, rode chilipeper, maïzena en ½ theelepel wasabi in een keukenmachine kort met de pulseknop. Verdeel het mengsel in 4 porties en vorm er met de hand burgers van. Zet ze afgedekt 30 min. in de koelkast.

Roer intussen voor de gemarineerde groenten chilipeper, mirin, sojasaus, suiker en rijstazijn in een kommetje door elkaar tot de suiker is opgelost. Schaaf met een dunschiller lange, dunne linten van komkommer en wortel. Schep ze door de dressing en zet 10 min. opzij.

Laat een grillpan of barbecue middelheet tot heet worden.

Vet de grillpan of de grillplaat van de barbecue in met olie. Rooster de burgers 5 min. aan elke kant tot ze vanbuiten goudbruin en vanbinnen nog roze zijn.

Roer de mayonaise en de overgebleven theelepel wasabi door elkaar, voeg zout en peper toe en zet opzij.

Serveer de burgers met de geroosterde broodjes, wasabimayonaise en gemarineerde groenten.
Bereiden ± 20 min. / wachten ± 40 min.

* Kijk op www.goedevis.nl voor een verantwoorde viskeuze. **Mirin** is alcoholarme Japanse rijstwijn die wordt gebruikt om rijst en sauzen smaak te geven. Vervang hem eventueel door droge sherry met een snufje suiker. Je vindt mirin en **rijstazijn** bij de toko.

Griekse salade met calamari

**lunch- of hoofdgerecht
(4 personen)**

2 struikjes little gem,
 bladeren losgehaald
250 g cherrytomaatjes,
 gehalveerd
1 dunne komkommer, in
 2 cm-stukjes
75 g ontpitte kalamataolijven
340 g polenta
2 el fijngesneden
 bladpeterselie
250 ml karnemelk
500 g pijlinktvis*, schoongemaakt, in ringen
750 ml arachide-olie, om in te
 frituren
125 g feta, verkruimeld

vinaigrette

4 el extra vergine olijfolie
2 el citroensap
½ tl dijonmosterd
½ tl suiker
zout en peper, naar smaak

Doe sla, tomaatjes, komkommer en olijven in een kom. Vermeng polenta en peterselie in een andere kom. Doe de karnemelk in een derde kom en voeg naar smaak zeezout en versgemalen zwarte peper toe. Dompel de inktvisringen in de karnemelk en laat het teveel eraf lopen. Wentel ze dan door de polenta en schud het teveel eraf.

Verhit de olie in een frituurpan tot 180°C (een blokje brood is hierin in 35 sec. goudbruin) en frituur de inktvisringen in porties goudbruin en krokant.

Klop voor de vinaigrette alle ingrediënten in een kommetje door elkaar. Maak de salade aan met 4 eetlepels vinaigrette, bestrooi met feta en serveer met de inktvisringen.
Bereiden ± 30 min.

* Vraag de visboer om **pijlinktvis** schoon te maken. Zelf schoonmaken? Trek de kop met de ingewanden van het lijf. Snijd de tentakels eraf. Vergeet niet de bek te verwijderen. Haal de plastic-achtige balein uit het lijf. Verwijder de vinnen en het lichtpaarse vel van het lijf en spoel het zakje goed met water. Snijd het zakje in 1 cm brede ringen.

Tonijn met groene-theenoedels

hoofdgerecht (4 personen)

400 g superverse albacore tonijn, uit het midden van de buik, sashimi-kwaliteit*
200 g groene-theenoedels of andere noedels*
300 g diepvriesedamame-bonen*, gedopt
1 bos koriander, alleen de blaadjes
zwart sesamzaad of geroosterd sesamzaad*, voor erbij

dressing
180 ml mirin*
150 ml gelebonensaus* of lichte sojasaus
80 ml zwarte of witte rijstazijn*
75 g fijne kristalsuiker
2 el geraspte gemberwortel
4 tenen knoflook, fijngehakt
3 kleine rode chilipepers, zaadjes verwijderd, heel fijn gesneden
1 tl sesamolie
ook nodig: 8 houten satépennen, 30 min. in koud water gelegd

Verwarm voor de dressing mirin, gelebonensaus, zwarte azijn en fijne kristalsuiker in een pan met 150 ml koud water al roerend op middelhoog vuur tot de suiker is opgelost. Voeg gember, knoflook en rode chilipeper toe en laat de saus 5 min. zachtjes koken tot hij iets is ingekookt. Roer de sesamolie door de saus en laat afkoelen.

Snijd de tonijn in blokjes van 3 cm en schep ze om met de helft van de koude dressing. Laat ze afgedekt 30 min. in de koelkast marineren.

Kook de groene-theenoedels volgens de gebruiksaanwijzing op de verpakking en kook de edamamebonen de laatste minuut mee. Giet ze af, verfris ze in koud water en laat ze uitlekken.

Laat de grillpan of barbecue middelheet worden.

Rijg de blokjes tonijn aan satépennen. Gril de tonijn ± 2 min. aan elke kant tot hij vanbuiten licht geblakerd, maar vanbinnen nog roze is.

Schep noedels, edamamebonen, koriander en overgebleven dressing door elkaar en verdeel dit over de borden. Leg op elk bord 2 tonijnspiesen, bestrooi met zwart sesamzaad en serveer.
Bereiden ± 35 min. / marineren ± 30 min.

* **Sashimitonijn** is te koop bij de goede visboer. **Groene-thee-noedels**, **edamamebonen** (jonge sojaboontjes in de dop), **zwart sesamzaad**, **mirin** (Japanse rijstwijn), **gelebonensaus** (een dikke saus van gefermenteerde sojabonen en rijstwijn) en **zwarte en witte rijstazijn** zijn te koop in Aziatische supermarkten.

Coquilles met bloemkoolskordalia en kerriedressing

hoofdgerecht (4 personen)

350 g bloemkool
300 ml extra vergine olijfolie
   + extra om te
   besprenkelen
200 g kruimige aardappels
500 ml melk
6 tenen knoflook
rasp van ½ (bio)citroen
   + 2 el citroensap
12 coquilles zonder het koraal
30 g cress* of korianderblad

currydressing

150 ml extra vergine olijfolie
2 sjalotten, fijngesneden
2 tl kormacurrypasta
50 ml citroensap

Verhit voor de dressing 1 eetlepel olijfolie in een kleine koekenpan op middelhoog vuur. Doe de sjalotten erin en laat ze in 1-2 min. glazig worden. Voeg de currypasta toe, roer een paar sec. tot hij geurt. Doe alles met 60 ml olijfolie in de kleine kom van een keukenmachine en mix tot alles is vermengd (of roer alles in een kommetje door elkaar). Giet de saus in een kom, roer de overgebleven olie en het citroensap erdoor en breng op smaak met zout en peper. Druk het geheel voor een gladde dressing door een zeef, druk de restanten goed uit. Je kunt de dressing een dag tevoren maken.

Verwarm de oven voor op 180 °C. Breek de bloemkool in kleine roosjes. Schep de helft ervan om met 1 eetlepel olijfolie en breng op smaak met zout en peper. Verdeel het op een bakplaat en rooster de bloemkool 20 min. in de oven.

Snijd intussen de aardappels in stukjes ter grootte van de bloemkoolstukjes en doe ze in een pan met melk, knoflook en achtergehouden roosjes. Laat ze op middelhoog vuur in 8-10 min. gaar worden, giet ze af en bewaar het kookvocht. Druk aardappels en bloemkool door een zeef in een kom. Roer citroenrasp en -sap, overgebleven olijfolie en zo veel kookvocht erdoor dat het een smeuïge puree is. Breng de skordalia op smaak met zout en peper en houd hem warm.

Zout en peper de coquilles en bestrijk ze met olie. Verhit een koekenpan of grillpan op middelhoog vuur. Bak de coquilles in porties ± 30 sec. aan elke kant tot ze goudbruin zijn, maar vanbinnen nog iets rauw.

Strijk op elk bord wat skordalia uit, leg de coquilles erop, bestrooi met geroosterde bloemkool en cress en besprenkel met currydressing.
Bereiden ± 20 min. / oven ± 20 min.

* **Cressen** (of kiemgroenten) zijn te koop op boerenmarkten en bij goed gesorteerde groentewinkels.

Mexicaanse maïskoekjes met avocado en garnalen

voorgerecht of hapje (4 personen)

2 avocado's, vruchtvlees fijngehakt
2 el limoensap + (bio) limoenpartjes voor erbij
2 el zure room
10 g gehakte korianderblaadjes + extra blaadjes voor erbij
2 tl gemalen komijnzaad
2 jalapeñopepers*, zaadjes verwijderd, fijngehakt + extra ringetjes voor erbij
150 g bloem
1 tl bakpoeder
1 el fijne kristalsuiker
2 eieren
125 ml melk
320 g maïskorrels (van ± 3 maïskolven)
75 g bosui, in smalle ringetjes
2 el olijfolie
20 gekookte garnalen, gepeld, darmkanaal verwijderd, staartjes eraan gelaten

Mix het avocadovruchtvlees met limoensap, zure room, de helft van de koriander, 1 theelepel komijn en de helft van de jalapeñopeper in een keukenmachine tot een grove puree. Zet opzij.

Zeef bloem en bakpoeder in een kom en voeg de suiker, de overgebleven theelepel komijn en een snuf zout toe.

Klop in een andere kom de eieren en melk door elkaar. Giet dit mengsel bij het bloemmengsel en klop het tot een glad, stevig beslag. Meng er maïskorrels, bosui, overgebleven groene peper en gehakte koriander door. Roer tot slot zout en peper naar smaak door het beslag.

Verhit de olie in een koekenpan met antiaanbaklaag op middelhoog tot hoog vuur. Schep voor elk maïskoekje 2 eetlepels beslag in de pan en bak ze in 1-2 min. aan elke kant goudbruin en gaar. Laat ze op keukenpapier uitlekken en houd ze warm terwijl je de overige koekjes bakt.

Verdeel de maïskoekjes over de borden en schep er wat avocadopuree op met garnalen, peperringetjes en extra koriander. Geef de limoenpartjes erbij.
Bereiden ± 30 min.

* **Jalapeñopepers** variëren in smaak van gemiddeld tot uiterst scherp. Ze krijgen na het drogen en roken een rijke, zoete, rokerige smaak en worden dan **chipotles** genoemd. Ze zijn ook ingemaakt in een pot te koop als chipotlepepers in adobosaus.

Chermoula-vis met tahinsaus

hoofdgerecht (4 personen)

1 tl komijnzaad
1 tl korianderzaad
1 tl pimentón*
¼ tl gedroogde chilivlokken
1 el fijngeraspte gemberwortel
2 tl geelwortelpoeder
2 tenen knoflook, grof gehakt
60 g bladpeterselie
40 g korianderblaadjes
rasp van 2 (bio)citroenen
 + sap van 4 citroenen
4 stevige witte visfilets*, van 200 g elk
140 g tahin*
olijfolie, om in te vetten
rucola- en muntblaadjes, voor erbij

Rooster komijn- en korianderzaad in een droge koekenpan op middelhoog vuur 1 min. tot ze geuren. Doe ze met pimentón, chilivlokken, gember, geelwortelpoeder, knoflook, peterselie- en korianderblaadjes, rasp en sap van 2 citroenen en 1 theelepel zout in een blender. Maal alles tot een dikke puree. Wentel de visfilets door de chermoula-marinade en zet ze 15 min. opzij.

Roer intussen het sap van 2 citroenen met 125 ml water door de tahin en breng de saus op smaak met zout en peper. Zet opzij.

Laat een grillpan of de barbecue middelheet tot heet worden.

Vet de grillpan of barbecue in met olie en rooster de vis in 3-4 min. aan elke kant gaar. Schep de filets op de borden, besprenkel ze met tahinsaus en serveer met rucola en muntblaadjes.
Bereiden ± 20 min. / marineren ± 15 min.

* **Pimentón**, Spaans paprikapoeder, is er in drie soorten: dulce (zoet of mild), agridulce (met een vleugje scherpte) en picante (scherp). De lekkerste is pimentón de la Vera, waarvoor de paprika's boven eikenhout zijn gerookt (wat ze een opvallende rokerige smaak geeft), waarna ze worden gedroogd en tot poeder gemalen. Kijk op www.goedevis.nl voor een verantwoorde viskeuze. **Tahin** is een pasta van sesamzaad, te koop bij de natuurwinkel en Midden-Oosterse winkels.

Pittige zwaardvis met avocado-limoensalsa

hoofdgerecht (4 personen)

1 limoen + 2 el limoensap en de limoenpartjes, voor erbij
1 avocado, vruchtvlees in blokjes van 2 cm
1 snackkomkommer, geschild, overlangs gehalveerd, zaadlijst verwijderd, in blokjes van 1 cm
½ kleine rode ui, fijngesneden
1-2 lange rode chilipepers (naar smaak), zaadjes verwijderd, fijngehakt
30 g korianderblaadjes
60 ml olijfolie + extra om te bestrijken en te bakken
2 el vissaus
2 el bloem
2 tl van elk: gemalen koriander- en komijnzaad en paprikapoeder
½ tl geelwortelpoeder
4 zwaardvis- of tonijnsteaks* van 180 g elk

Verwijder de schil en het witte vlies van de limoen. Houd de limoen boven een schaal om het sap op te vangen, snijd met een klein, scherp mes de partjes tussen de vliesjes uit en hak ze fijn. Doe de gehakte limoen in een kom met avocado, komkommer, ui, chilipeper en koriander. Roer in een kommetje olie, vissaus en limoensap door elkaar en schep dit door de salsa. Zet opzij.

Vermeng de bloem en de specerijen in een diep bord. Bestrijk de vissteaks met wat extra olie, wentel ze door de gekruide bloem en schud het teveel eraf.

Verhit 2 cm olie in een grote koekenpan op middelhoog vuur. Bak de vissteaks, eventueel in porties, 2-3 min. aan elke kant tot ze bruin zijn maar nog net rauw in het midden.

Serveer de vis met de avocadosalsa en geef er extra limoenpartjes bij om erover uit te knijpen.
Bereiden ± 30 min.

* Kijk op www.goedevis.nl voor een verantwoorde viskeuze.

Wijting in kruim met citrussalade

hoofdgerecht (4 personen)

150 g bloem, gekruid met zeezout en versgemalen zwarte peper
2 eieren, losgeklopt
100 g panko*
600 g wijtingfilets zonder vel
1 el citroensap
1 el wittewijnazijn
1 tl grove mosterd
1 tl fijngehakte citroentijm of gewone tijm
125 ml extra vergine olijfolie
2 sinaasappels, partjes tussen de vliezen uit gesneden
1 kleine venkelknol, in dunne plakken
1 kleine krop friseesla
180 g kleine zwarte olijven
150 g mayonaise
zonnebloemolie, om te frituren

Doe bloem, eieren en panko in drie afzonderlijke diepe borden. Bestuif de visfilets eerst met bloem, dompel ze daarna in het ei en wentel ze tot slot door de panko. Leg de filets op een schaal en zet ze tot gebruik in de koelkast.

Klop voor de dressing in een kom citroensap, azijn, mosterd en tijm door elkaar en klop geleidelijk de olie erdoor. Breng op smaak met zeezout en versgemalen zwarte peper. Zet opzij. Doe sinaasappelpartjes, venkel, frisee en olijven in een grote kom en meng alles losjes. Zet opzij.

Schep de mayonaise in een kommetje en verdun hem met warm water tot een dikvloeibare saus. Zet opzij.

Vul een frituurpan of een diepe pan tot halverwege met zonnebloemolie en verhit deze tot 190 °C (een blokje brood is hierin in 30 sec. goudbruin). Frituur de visfilets in gedeelten; laat ze in de olie zakken en frituur ze in 2-3 min. gaar en goudbruin.

Maak de salade aan met de dressing. Dien de vis direct op met de salade en wat mayonaise om er overheen te sprenkelen.
Bereiden ± 30 min.

*** Panko** (Japans broodkruim) geeft een heel krokante paneerlaag. Het is te koop bij de toko en grote supermarkten. Je kunt panko door gewoon paneermeel vervangen.

Pittige knoflookgarnalen in bier

hoofdgerecht (4 personen)

80 g boter
1 kg rauwe grote garnalen, ongepeld, gevlinderd*
½ tl pimentón*
4 tenen knoflook, fijngehakt
een snuf piri-piri* of
  ½ tl tabasco (naar smaak)
185 ml pils
2 el fijngesneden peterselie
dunne frites, voor erbij

Smelt 40 g boter in een grote koekenpan op middelhoog tot hoog vuur. Voeg zodra de boter schuimt de garnalen (in twee porties) toe en bak ze 1 min. aan elke kant; schep ze uit de pan en zet opzij.

Smelt de overige 40 g boter in de pan en voeg pimentón, knoflook en piri piri of tabasco toe. Roerbak 1 min. tot ze geuren. Giet het bier erbij, draai het vuur hoog en roerbak 2-3 min. tot de saus licht bindt. Neem de pan van het vuur en schep de garnalen door de saus.

Serveer de garnalen met de frites en een glas koud bier.
Bereiden ± 15 min.

* Om **garnalen te vlinderen** snijd je ze over de lengte van kop tot staart doormidden: de helften moeten aan elkaar blijven. Leg ze open als een boek. **Pimentón** (Spaans paprikapoeder), is er in drie soorten: dulce (zoet of mild), agridulce (met een vleugje scherpte) en picante (scherp). De lekkerste is pimentón de la Vera, waarvoor de paprika's boven eikenhout zijn gerookt (wat ze een opvallende rokerige smaak geeft), waarna ze worden gedroogd en tot poeder gemalen. Leg ze als een boek open neer. **Piri-piri** koop je bij delicatessenwinkels en grote supermarkten.

Zalm met tomaat-kokossambal

hoofdgerecht (4 personen)

60 ml zonnebloemolie
2 Aziatische rode sjalotjes*, in dunne plakjes
2 lange groene chilipepers, zaadjes verwijderd, fijngehakt
2 cm gemberwortel, geraspt
1 teen knoflook, in dunne plakjes
2 tl mild kerriepoeder
10 verse kerrieblaadjes*
250 g cherrytomaatjes, gehalveerd
1 blik van 270 g kokosroom
sap van 2 limoenen
4 zalmkoteletten
gestoomde rijst, voor erbij
korianderblaadjes, om te garneren

Verhit 2 eetlepels olie in een wok of pan op laag vuur. Voeg sjalot, chilipeper, gember en knoflook toe en laat alles zachtjes in 4-6 min. gaar worden.

Voeg kerriepoeder, kerrieblaadjes en tomaatjes toe met de helft van de kokosroom en 2 eetlepels water en laat alles 2-3 min. zachtjes pruttelen tot de tomaatjes uiteen gaan vallen. Roer de achtergehouden kokosroom en het limoensap erdoor, met zout en peper naar smaak en laat de saus 5 min. zachtjes inkoken tot hij licht gebonden is.

Verhit intussen de overgebleven olie in een koekenpan op middelhoog tot hoog vuur. Zout en peper de zalm, bak hem 2-3 min. aan elke kant (tot hij gaar genoeg naar smaak is) en leg de zalm in de saus. Serveer met rijst en garneer met koriander. Bereiden ± 25 min.

* **Aziatische sjalotjes** zijn rode sjalotjes met een scherpere smaak dan de gewone blonde sjalotjes, waardoor je ze wel kunt vervangen. **Kerrieblaadjes** zijn de blaadjes van de kerriestruik, ze hebben een opvallend pittige citrussmaak. Ze worden in curry's meegetrokken of aan het einde van de bereiding met chilipepers en mosterdzaad in olie gebakken om Indiase gerechten mee af te maken. Gedroogde kerrieblaadjes hebben weinig smaak, daar moet je meer van gebruiken. De blaadjes zijn vers verkrijgbaar in de Aziatische supermarkt.

Gefrituurde pijlinktvis met limoen-gembermayo

voorgerecht of hapje (4 personen)

700 g kleine pijlinktvissen, schoongemaakt*
300 ml sodawater
300 g bloem
¼ tl cayennepeper
zonnebloem- of druivenpitolie*, om te frituren
partjes citroen, voor erbij

limoen-gembermayonaise
1 ei
1 tl dijonmosterd
rasp en sap van 1 (bio)limoen
300 ml zonnebloem- of druivenpitolie
2 tl geraspte verse gemberwortel

Doe voor de mayonaise het ei met de mosterd en de helft van het limoensap in een kom. Klop alles met een garde door elkaar, voeg de olie eerst druppel voor druppel toe tot het mengsel bindt, en daarna voortdurend roerend met de garde in een fijn straaltje, tot alle olie is opgenomen en het een mooi gebonden mayonaise is. Roer gember en limoenrasp door de mayo, breng op smaak met zout en zet tot gebruik in de koelkast.

Doe de inktvisringen en -tentakels in een kom, giet het sodawater erover en laat ze zo 20 min. staan om zachter te worden. Roer in een kom de bloem met cayennepeper en 1 theelepel zout door elkaar. Giet de inktvis af, dep ze droog en wentel de inktvisringen en -tentakels door de gekruide bloem.

Vul een frituurpan of braadpan tot halverwege met olie en verhit deze tot 190 °C (een blokje brood is hierin in 30 sec. goudbruin). Frituur de inktvis in kleine porties 1 min. of tot de ringen net goudbruin zijn – niet langer, want dan worden ze taai. Laat de inktvis op keukenpapier uitlekken en serveer met gembermayo en partjes citroen.
Bereiden ± 1 uur

* Vraag de visboer om de **pijlinktvis** schoon te maken. Zelf schoonmaken? Trek de kop met de ingewanden van het lijf. Snijd de tentakels eraf. Vergeet niet de bek te verwijderen. Haal de plastic-achtige balein uit het lijf. Verwijder de vinnen en het lichtpaarse vel van het lijf en spoel het zakje goed met water. Snijd het zakje in 1 cm brede ringen. **Druivenpitolie** is een lichte, neutraal smakende olie uit druivenpitten; te koop in de supermarkt.

Mexicaanse kip met rokerige tomatensalsa

hoofdgerecht (4 personen)

- 10 g fijngesneden bladpeterselie + 60 g losse blaadjes
- 1 el gemalen komijnzaad
- 125 ml extra vergine olijfolie
- 100 ml citroensap
- 4 ontbeende kippenborststukken met vel en het vleugeltje (suprêmes)*
- 2 rijpe trostomaten, zaadjes verwijderd, in dunne plakken
- 1 rode ui, in dunne parten
- 40 g geschaafde parmezaan

rokerige tomatensalsa

- 3 rode paprika's, in vieren
- 5 rijpe trostomaten, gehalveerd, zaadjes verwijderd
- 1 lange rode chilipeper, gehalveerd, zaadjes verwijderd
- 1 teen knoflook, fijngehakt
- 1½ el rodewijnazijn
- 60 ml extra vergine olijfolie

Meng in een kom de gesneden peterselie met de komijn, de helft van de olie en 60 ml citroensap. Voeg zout en peper toe en wentel de stukken kip door deze marinade. Zet ze afgedekt 30 min. in de koelkast.

Rooster intussen voor de rokerige salsa de paprika's, halve tomaten en rode chilipeper met de velkant boven 5-6 min. onder een hete grill tot het vel is geblakerd. Doe paprika en chilipeper in een plastic zak en sluit deze, laat alle vruchtgroenten afkoelen. Trek als je paprika's, chilipepers en tomaten kunt vastpakken de velletjes eraf en gooi ze weg. Pureer het vruchtvlees in een keukenmachine met knoflook, azijn en olie glad. Breng de puree op smaak met zout en peper en laat hem in een steelpan op middelhoog vuur in 10-12 min. tot een dikke saus inkoken. Zet opzij.

Laat een grillpan of de barbecue middelheet tot heet worden.

Gril de kippenborststukken in 4-5 min. aan elke kant gaar en goudbruin. Houd ze warm.

Meng de plakken tomaat met rode ui en peterselieblaadjes in een schaal. Roer de overgebleven 60 ml olie en 2 eetlepels citroensap door elkaar en breng op smaak met zout en peper. Schep de dressing door de tomatensalade.

Schep de tomatensalsa samen met de salade op de borden, leg er een stuk kip op en garneer met parmezaanschaafsel. Serveer de kip direct.

Bereiden ± 30 min. / marineren ± 30 min.

* Ga voor **kippenborststukken** met vel en vleugeltjes (suprêmes) naar de poelier of goed gesorteerde slager.

Kip met Tunesische specerijen, hummus en granaatappel

voor- of lunchgerecht (4 personen)

1 tl gemberpoeder
1 tl mixed spice*
½ tl geelwortelpoeder
2 tl gemalen komijnzaad
4 tenen knoflook, fijngehakt
125 ml olijfolie
sap van 1 citroen + extra citroenparten voor erbij
8 ontbeende en ontvelde kippendijen, platgeslagen
1 kleine rode ui, in dunne ringen
60 g waterkersblad
pitten van ½ granaatappel
½ tl sumak*
4 warme Libanese platbroden, in vieren, voor erbij
350 g hummus*

Roer in een grote kom gemberpoeder met mixed spice, geelwortelpoeder, komijn, knoflook, 60 ml olijfolie en de helft van het citroensap door elkaar. Wentel de stukken kip erdoor en zet de kom afgedekt 1 uur in de koelkast.

Week de ui 15 min. in een kommetje met koud, gezouten water. Giet de ui af, spoel af en dep droog. Vermeng ui, waterkers en granaatappelpitten in een schaal en zet opzij.

Verhit een grillpan of een koekenpan op middelhoog tot hoog vuur. Laat de kip uitlekken en gril of bak de dijen in 5-6 min. aan elke kant gaar en goudbruin.

Meng de waterkerssalade met de sumak, 2 eetlepels olijfolie en het overgebleven citroensap en breng op smaak met zeezout en versgemalen zwarte peper.

Verdeel de stukken platbrood op 4 borden en zet er een schep hummus op, met daarop kip en salade. Besprenkel alles met de overgebleven eetlepel olijfolie en geef de extra citroenpartjes erbij. Bereiden ± 40 min. / koelen ± 1 uur / weken ± 15 min.

* **Mixed spice** is een Engels specerijenmengsel van gelijke delen gemalen piment, kaneel, kruidnagelpoeder, gemberpoeder en nootmuskaat. Vervang eventueel door koekkruiden. **Sumak** is een citrusachtige mediterrane specerij van de gemalen gedroogde bessen van de sumakstruik. **Hummus** is een gekruide puree van kikkererwten die overal in het Midden-Oosten en de Mahgreb wordt gegeten. Hummus is kant-en-klaar te koop, maar is ook gemakkelijk zelf te maken. Hummus en sumak zijn te koop in Midden-Oosterse supermarkten.

Geplette kwartel met Aziatische gremolata

hoofdgerecht (4 personen)

2 (bio)sinaasappels
rasp en sap van 1 (bio)limoen
2 bosuien, fijngesneden
60 ml sojasaus
60 ml rijstazijn
60 ml mirin*
4 tenen knoflook, fijngehakt
4 kwartels (vraag de poelier of slager ze te vlinderen*)
5 g fijngesneden korianderblad
35 g ongezouten pinda's, fijngehakt
zonnebloemolie, om te bestrijken
2 el gebakken Aziatische sjalotjes*

Rasp de schil van 1 sinaasappel, pers de vrucht uit en vermeng rasp en sap in een grote hersluitbare plastic zak met limoenrasp en -sap. Voeg bosui, sojasaus, azijn, mirin en driekwart van de knoflook toe. Leg de kwartels in de zak, sluit deze en schud alles rustig zodat het vlees met marinade wordt bedekt. Laat de kwartels 3-4 uur in de koelkast marineren.

Rasp intussen voor de Aziatische gremolata de schil van de overgebleven sinaasappel af en meng dit raspsel in een kom met de overgebleven knoflook, de koriander en de pinda's.

Vet een grillpan of koekenpan in met een beetje olie en zet hem op middelhoog vuur. Leg de kwartels met de velkant onder in de pan, verzwaar ze met een flink gewicht, bijvoorbeeld een in aluminiumfolie verpakte baksteen of een zware koekenpan (gevuld met water) en gril of bak ze 3 min. Haal het gewicht eraf, keer de kwartels om, zet het gewicht er weer op en gril of bak ze weer 2 min. Haal de kwartels uit de pan, verpak ze losjes in aluminiumfolie en laat ze 4 min. rusten.

Meng de Aziatische sjalotjes door de gremolata en bestrooi de kwartels ermee.
Bereiden ± 30 min./ marineren ± 3-4 uur

* **Mirin** is Japanse zoete rijstwijn. **Aziatische sjalotjes** zijn rode sjalotjes, kleiner en geuriger dan de bij ons bekende blonde sjalotjes, waardoor je ze wel kunt vervangen. Of gebruik kant-en-klare krokante **gebakken sjalotjes**. Beide zijn te koop in de Aziatische supermarkt. Om gevogelte te **vlinderen**, wordt de ruggengraat eruit gesneden, waarna het gevogelte wordt platgedrukt. Dit verkort de gaartijd.

Tapas op de barbecue

voorgerecht (4 personen)

een plukje saffraandraadjes
½ tl korianderzaad
½ tl komijnzaad
½ tl venkelzaad
1 tl mild paprikapoeder
2 tenen knoflook, fijngehakt
5 g gehakte oreganoblaadjes
2 tl rodewijnazijn
4 tl olijfolie
2 kipfilets van 170 g elk, in stukjes van 3 cm
4 chorizoworstjes*
1 blik van 400 g tomatenblokjes
2 el fijngesneden bladpeterselie

Week de saffraan 10 min. in 1 eetlepel kokend water.

Rooster intussen de koriander-, komijn- en venkelzaadjes in een hete droge koekenpan 1 min. op laag vuur tot ze geuren. Schud ze in een vijzel en wrijf ze met de stamper grof. Voeg paprikapoeder, knoflook, oregano, azijn, saffraan en weekvocht, en 2 theelepels olie toe en wrijf alles tot een grove puree. Giet hem in een kom, voeg zout en peper naar smaak toe en wentel de blokjes kip erdoor. Laat ze afgedekt 2 uur in de koelkast marineren.

Verhit de barbecue tot middelhoog. Zet er een grillplaat op.

Snijd de chorizoworstjes schuin in 2 cm dikke plakjes en rooster ze op de hete grillplaat in 2 min. aan elke kant knapperig en goudbruin. Schuif ze opzij. Stort de tomaten op de grillplaat, voeg zout en peper toe en laat ze 2-3 min. zachtjes pruttelen tot het vocht is ingekookt. Schep de chorizo en peterselie erdoor. Houd ze warm.

Verhoog het vuur en vet de barbecue in met de overgebleven 2 theelepels olijfolie. Rooster de kipblokjes 6-8 min. en schep ze regelmatig om tot ze gaar zijn. Serveer de kip met de chorizo. Bereiden ± 30 min. / marineren ± 2 uur

* **Chorizo** is Spaanse varkensworst die op smaak is gebracht met gerookte-paprikapoeder (pimentón), knoflook en chilipeper. Hij wordt vers, gedroogd of halfgedroogd aangeboden. Je kunt de worst zelf bakken of al gaar kopen. Er is bovendien een heel droge soort die als snack wordt gegeten.

Kip met wasabikruim

hoofdgerecht (4 personen)

4 kipfilets van 170 g elk
3 el wasabipasta
75 g mayonaise met ei
75 g wasabi-erwtjes*
50 g panko*
2 el maïzena
2 eieren, losgeklopt
arachide-olie, om te bakken
 +1 el extra
2 wortels, in dunne plakken, als lucifers gesneden
2 stengels bleekselderij, als lucifers gesneden
4 radijzen, in dunne plakjes
150 g peultjes, als lucifers gesneden
1 el sojasaus
1 el rijstazijn of wittewijnazijn

Bestrijk elke kipfilet met 2 theelepels wasabipasta en marineer ze 20 min. in de koelkast. Roer in een kom de mayonaise en de overgebleven wasabipasta door elkaar en zet opzij.

Hak de wasabi-erwtjes grof in een keukenmachine, doe de panko erbij en vermeng alles met de pulseknop. Doe het mengsel in een ondiepe schaal en voeg zeezout en peper toe. Bestuif de kipfilets met maïzena, schud het teveel eraf, wentel ze daarna door het ei en tot slot door het kruimelmengsel.

Zet een grote koekenpan op middelhoog tot hoog vuur en giet er een laagje van 1 cm olie in. Bak de kipfilets 3 min. aan elke kant of tot ze krokant, goudbruin en gaar zijn en laat ze op keukenpapier uitlekken.

Doe wortel, bleekselderij, radijs en peultjes in een kom. Klop sojasaus, azijn en de extra eetlepel olie door elkaar, breng op smaak met zout en peper en meng de dressing door de salade. Snijd de kipfilets in plakjes en dien ze op met de salade en de wasabimayonaise.

Bereiden ± 40 min. / marineren ± 20 min.

* **Wasabi-erwtjes** zijn gedroogde groene erwten omhuld met een laagje wasabi (de scherpe op mosterd lijkende mierikswortel waarvan groene wasabipasta wordt gemaakt), suiker en zout. Je koopt ze bij notenwinkels, Aziatische supermarkten of een goed gesorteerde supermarkt. **Panko** (Japans broodkruim) geeft een heel krokante paneerlaag. Het is te koop bij de toko en grote supermarkten. Je kunt panko door gewoon paneermeel vervangen.

Caesarsalade met kip in pankokorst

**lunch- of hoofdgerecht
(4-6 personen)**

1 el geraspte gemberwortel
1 el lichte sojasaus
2 tl oestersaus
2 tl tomatensaus (ketchup)
2 tl sesamolie
2 kipfilets van 170 g elk
1 baguette (dun stokbrood), in dunne sneetjes
50 g rijstebloem
2 eieren, losgeklopt
100 g panko*
zonnebloemolie, om te frituren
2 kropjes minibindsla (cos of romaine), blaadjes losgehaald
250 g kerstomaatjes, gehalveerd
3 hardgekookte eieren, in vieren
geschaafde parmezaan, voor erbij

caesarsaladedressing

1 ei
1 teen knoflook, fijngehakt
1 tl dijonmosterd
½ tl worcestersaus
2 ansjovisfilets op olie, uitgelekt
150 ml extra vergine olijfolie
sap van 1 limoen
40 g geraspte parmezaan

Roer in een kom gember, sojasaus, oestersaus, ketchup en sesamolie door elkaar. Snijd de kipfilets in 2 cm brede repen en schep ze door de sojamarinade. Zet de schaal afgedekt 2-3 uur in de koelkast.

Klop intussen voor de caesardressing het ei met knoflook, dijonmosterd, worcestersaus en ansjovis in een keukenmachine door elkaar. Voeg terwijl de motor draait de olie in een fijn straaltje toe tot de dressing goed gebonden is. Roer er limoensap, parmezaan en zout en peper naar smaak door. Roer als de dressing te dik is er een beetje warm water door. Zet tot gebruik afgedekt in de koelkast.

Verhit een grillpan op middelhoog tot hoog vuur. Gril de sneetjes stokbrood in 1-2 min. aan elke kant knapperig en lichtbruin. Zet opzij.

Laat de kipreepjes uitlekken. Zet de rijstebloem, het losgeklopte ei en de panko in 3 diepe borden klaar. Wentel de kipreepjes eerst in de bloem, dompel ze in het ei en haal ze door de panko.

Vul een friteuse of een wok met olie en verhit tot 190 °C (een blokje brood is hierin in 30 sec. goudbruin). Frituur de kip in porties in 2-3 min. knapperig, goudbruin en gaar. Schep ze met een schuimspaan op keukenpapier.

Meng in een grote schaal de slablaadjes met tomaat, ei, sneetjes stokbrood en kip. Bestrooi de salade met de geschaafde parmezaan, sprenkel de dressing erover, bestrooi met zout en peper en dien de salade op.

Bereiden ± 35 min. / marineren ± 2-3 uur

* **Panko** (Japans broodkruim) geeft een heel krokante paneerlaag. Het is te koop bij de toko en grote supermarkten. Je kunt panko door gewoon paneermeel vervangen.

Oreganokip op bonen-olijvensalade

hoofdgerecht (4 personen)

2 el gedroogde oregano
1 tl gedroogde rode chilivlokken
rasp en sap van 1 (bio)citroen + citroenpartjes voor erbij
125 ml extra vergine olijfolie
4 ontbeende maïskip-borststukken met vel en het vleugeltje (suprêmes)*
450 g vastkokende aardappels (bijv. desiree of nicola)
300 g haricots verts, afgehaald
1 kleine rode ui, in dunne ringen
2 el fijngesneden bladpeterselie
100 g ontpitte kalamata-olijven, gekneusd
2 tl rodewijnazijn

Vermeng in een kom oregano, chilivlokken, citroenrasp en -sap met 80 ml olijfolie met zout en peper naar smaak. Kerf het vel van de kip een paar maal in en wentel de stukken in de marinade tot ze rondom goed zijn bedekt. Zet de schaal afgedekt 1-2 uur in de koelkast.

Maak intussen de salade. Kook de aardappels in een pan water met zout in 8-10 min. net gaar. Giet ze af, doe ze weer in de pan en kneus ze licht. Blancheer de haricots verts 2 min. in kokend water met zout en giet ze af. Doe ze in de kom bij de aardappels en voeg de overgebleven olie, ui, peterselie, olijven en azijn toe. Breng goed op smaak met zout en peper en zet opzij terwijl je de kip grilt.

Verhit intussen een grillpan of barbecue middelheet tot heet. Gril de kip 5-6 min. aan elke kant tot hij gaar en goudbruin is (laat de kip als hij te snel kleurt nog in de oven nagaren).

Serveer de kip op de salade met extra citroenpartjes om erover uit te knijpen.
Bereiden ± 35 min. / marineren 1-2 uur

* Ga voor **kippenborststukken** met vel en vleugeltjes (suprêmes) naar de poelier of goed gesorteerde slager.

Kwartel met rozenblaadjes en yoghurt

hoofdgerecht (4 personen)

4 tenen knoflook, fijngehakt
2 tl mixed spice*
2 tl gemalen komijnzaad
80 ml rozenwater*
80 ml citroensap
60 ml extra vergine olijfolie
8 kwartels*, gevlinderd
160 g rozenblaadjesgelei* of kweeperengelei + extra voor erbij
Griekse yoghurt, gedroogde eetbare rozenblaadjes* en rucola, voor erbij

Doe de knoflook met de helft van elk: de specerijen, het rozenwater, het citroensap en de olie in een schaal. Wentel de kwartels door de marinade en zet ze afgedekt minstens 4 uur of een nacht in de koelkast.

Doe de overgebleven specerijen met resterend rozenwater, citroensap en olie met de rozen- of kweeperengelei in een pan en zet op laag vuur, verwarm al roerend tot de gelei gesmolten en glad is. Zet opzij.

Verhit een grillpan of barbecue middelheet tot heet.

Bestrooi de kwartels met zout en peper en gril ze 3-4 min. aan elke kant tot ze gekleurd en gaar zijn. Verdeel de kwartels over de borden, besprenkel ze met rozenblaadjessaus en yoghurt en bestrooi ze met rozenblaadjes en rucola. Serveer met de extra rozenblaadjesgelei.

Bereiden ± 20 min. / marineren ± 4 uur of een nacht

* **Mixed spice** is een Engels specerijenmengsel van gelijke delen gemalen piment, kaneel, kruidnagelpoeder, gemberpoeder en nootmuskaat. Vervang eventueel door koekkruiden. **Kwartels** bestel je bij de poelier of slager; vraag hen de kwartels te **vlinderen** (hiervoor wordt de ruggengraat eruit gesneden, waarna het gevogelte wordt platgedrukt. Dit verkort de gaartijd). **Rozenblaadjesgelei** en **gedroogde rozenblaadjes** koop je bij winkels met Midden-Oosterse of Iraanse producten of de natuurwinkel. Let op dat ze onbespoten zijn.

Pittige kip met lepelsalade

hoofdgerecht (4 personen)

4 kipfilets
4 tl harissa*
80 ml olijfolie
5 rijpe trostomaten
1 geroosterde rode paprika*, fijngehakt
2 kleine rode chilipepers, zaadjes verwijderd, fijngehakt
2 sjalotten of ½ rode ui, fijngehakt
½ kleine komkommer, geschild, zaadlijst verwijderd, fijngehakt
2 el fijngesneden bladpeterselie
1 el fijngesneden munt
1 el sherryazijn*, of rodewijnazijn
couscous, voor erbij
Griekse yoghurt en pitabrood, voor erbij (naar keuze)

Kerf elke kipfilet driemaal oppervlakkig in. Roer in een kommetje 2 theelepels harissa en 2 eetlepels olijfolie door elkaar en bestrijk de kipfilets rondom hiermee. Leg de filets afgedekt 30 minuten in de koelkast, terwijl je de salade maakt.

Breng een pan met water aan de kook. Kerf de bolle kant van de tomaten in, leg ze 30 sec. in het kokendhete water, en direct daarna in ijskoud water. Ontvel de tomaten zodra ze zijn afgekoeld. Snijd de tomaten doormidden, verwijder de pitjes en hak het vruchtvlees klein. Doe de gehakte tomaat met paprika, rode chilipeper, sjalot, komkommer, peterselie, munt, azijn, 2 theelepels harissa en de rest van olijfolie in een schaal. Voeg zout en peper naar smaak toe en meng alles goed. Stort de salade in een zeef met een schaal eronder en laat 30 min. staan, zodat het teveel aan vocht eruit kan lopen.

Verhit een grillpan op middelhoog tot hoog vuur, of gebruik de barbecue. Gril de kipfilets 6-7 min. aan elke kant en keer de filets regelmatig tot ze gaar zijn. Snijd de filets in plakjes, verdeel de salade erop en geef de couscous, eventueel yoghurt en pita erbij. Bereiden ± 1 uur / marineren ± 30 min.

* **Harissa** is Tunesische chilipasta, gemaakt van rode chilipeper en specerijen. **Geroosterde paprika** en **sherryazijn** koop je in delicatessenzaken en mediterrane winkels.

Varkenskoteletten met snelle perzikchutney

hoofdgerecht (4 personen)

4 tenen knoflook, fijngehakt
2 cm verse gemberwortel, geraspt
1 tl mild kerriepoeder
100 ml olijfolie
4 varkenskoteletten, botjes schoongeschraapt (vraag de slager dit te doen)
2 grote gele perziken
4 rijpe trostomaten
1 ui, fijngehakt
2 tl fijne kristalsuiker
2 el rodewijnazijn
evt. takjes koriander en groene sla, voor erbij

Roer knoflook, gember, kerriepoeder en 60 ml olijfolie in een glazen of aardewerken schaal door elkaar. Breng op smaak met zout en peper en wentel de koteletten erdoor. Laat het vlees afgedekt minstens 10 min. en maximaal 2 uur in de koelkast marineren.

Kerf intussen perziken en tomaten aan de bolle kant kruisgewijs in. Blancheer beide 1 min. in kokend water en dompel ze direct in een kom ijswater. Ontvel de perziken en tomaten zodra je ze kunt vastpakken en gooi de tomatenzaadjes en de perzikpitten weg. Hak het vruchtvlees en zet apart.

Verwarm de oven voor op 180 °C.

Verhit 1 eetlepel olie in een koekenpan op middelhoog tot hoog vuur. Bak hierin de koteletten 2 min. aan elke kant tot ze lichtbruin zijn. Leg ze op een bakplaat en laat ze in de oven in nog 10 min. gaar worden.

Zet intussen de pan weer op middelhoog tot laag vuur, doe er 1 eetlepel olie in en laat de ui in 4-5 min. glazig worden. Voeg perzik en tomaat toe en blijf 4-5 min. roeren tot ze uiteen gaan vallen. Roer er suiker en azijn door en laat alles 3-4 min. pruttelen tot de chutney iets gebonden en licht gekarameliseerd is. Serveer het vlees met chutney, koriander en een groene sla.

Bereiden ± 30 min. / marineren ± 10 min.-2 uur / oven ± 10 min.

Saltimbocca van varkensworstjes

hoofdgerecht (4 personen)

8 dunne plakken rauwe ham
16 salieblaadjes
8 chipolataworstjes of andere dunne varkenssaucijsjes
2 el bloem, gekruid met zout en peper
60 ml olijfolie
30 g boter
150 ml droge witte wijn
8 kadetjes of ronde bolletjes
1 teen knoflook, doormidden
rucola, voor erbij

Spreid de plakken rauwe ham uit op een schone snijplank. Leg op het uiteinde van elke plak 1 salieblad. Leg een worstje aan de andere kant en rol de ham zo op dat het hele worstje in ham is verpakt; de salie moet zichtbaar blijven. Zet de ham met een cocktailprikker vast. Wentel de worstjes door de gekruide bloem en schud het teveel eraf.

Verhit de olie in een grote koekenpan op middelhoog tot hoog vuur. Bak de overgebleven salieblaadjes in 1 min. knapperig, haal ze uit de pan en leg ze op keukenpapier.

Giet de olie op 1 eetlepel na uit de pan, doe er 2 theelepels boter in en zet op middelhoog vuur. Bak de worstjes al kerend in 4-5 min. gaar. Houd ze op een schaal warm.

Giet de wijn in de pan en laat 3-4 min. koken tot de wijn iets gebonden is. Klop de overgebleven 20 g boter erdoor en breng de saus op smaak met zout en peper.

Snijd intussen de broodjes doormidden en rooster ze onder een hete grill. Wrijf de snijkant van het brood in met de knoflook. Leg de broodjes op de borden, schik de saucijsjes erop, besprenkel met de saus en garneer met gebakken salie. Geef de rucola erbij. Bereiden ± 20 min.

Spaanse eieren

500 g aardappels, desiree, geschild, in blokjes van 2 cm
2½ el olijfolie
1 rode ui, in dunne ringen
2 tenen knoflook, fijngehakt
1 chorizoworstje*, in stukjes van 2 cm
1½ tl pimentón*
½ tl gemalen komijnzaad
1 pot van 280 g geroosterde paprika, uitgelekt, fijngehakt
4 scharreleieren
1 el fijngesneden bladpeterselie

Kook de aardappels in een pan kokend water met zout in 2-3 min. net gaar, giet ze af en zet opzij.

Verhit 2 eetlepels olie in een grote koekenpan op middelhoog vuur. Voeg de ui toe en roer rustig 2-3 min. tot hij glazig is. Doe er knoflook, chorizo, aardappels, pimentón en komijn bij en blijf omscheppen tot de chorizo en aardappelblokjes knapperig worden. Doe de geroosterde paprika erbij met zout en peper naar smaak en laat alles op laag vuur goed warm worden.

Vet intussen een koekenpan met antiaanbaklaag in met de overgebleven olie en zet hem op middelhoog vuur. Breek de eieren een voor een in de pan. Zet er een deksel op en bak de eieren 2 min. tot het eiwit gaar is, maar de dooiers nog vloeibaar zijn.

Verdeel het aardappelmengsel op verwarmde borden, leg er een ei op, bestrooi met peterselie, zout en peper en dien ze op.
Bereiden ± 25 min.

* **Chorizo** is Spaanse varkensworst die op smaak is gebracht met gerookte-paprikapoeder, knoflook en chilipeper. Hij wordt vers, gedroogd of halfgedroogd aangeboden. Je kunt de worst zelf bakken of al gaar kopen bij Spaanse delicatessenwinkels en goed gesorteerde slagers. Er is ook een heel droge soort, die als snack wordt gegeten. **Pimentón**, Spaans paprikapoeder, is er in drie soorten: dulce (zoet of mild), agridulce (met een vleugje scherpte) en picante (scherp). De lekkerste is pimentón de la Vera, waarvoor de paprika's boven eikenhout zijn gerookt (wat ze een opvallende rokerige smaak geeft), waarna ze worden gedroogd en tot poeder gemalen.

Varkensvlees op Spaanse wijze en sinaasappelsalade met maanzaad

hoofdgerecht (4 personen)

1 tl gemalen komijnzaad
1 el pimentón*
rasp en sap van 1 (bio) sinaasappel
80 ml tomatenketchup
80 ml ahornsiroop
2 varkenshaasjes van 500 g elk, vliesjes verwijderd, gehalveerd

sinaasappelsalade met maanzaad

2 sinaasappels
3 snackkomkommers, over de lengte gehalveerd, zaadlijst verwijderd, in plakjes
10 g korianderblaadjes
2 lange rode chilipepers, zaadjes verwijderd, fijngehakt
80 ml wittewijnazijn
125 ml olijfolie
2 el fijne kristalsuiker
2 el maanzaad

Doe komijnzaad, pimentón, sinaasappelrasp en -sap, tomatenketchup en ahornsiroop met de varkenshaasjes in een hersluitbare plastic zak en schud alles goed om. Leg het vlees minstens 1 uur of een hele nacht in de koelkast.

Rasp voor de salade de schil van 1 sinaasappel en zet hem in een kommetje opzij. Pel beide sinaasappels, verwijder de witte schil, halveer de sinaasappels en snijd de helften in plakken. Doe de sinaasappelplakken in een grote schaal met komkommer, koriander en chilipeper. Voeg azijn, olie, suiker en maanzaad, met zout en peper naar smaak toe aan de sinaasappelrasp in het kommetje en klop alles door elkaar. Houd de salade en dressing apart.

Verhit een grillpan of barbecue tot middelheet of heet.

Rooster het varkensvlees al kerend 5-6 min. tot het vanbuiten licht geblakerd en vanbinnen net gaar is. Laat het losjes afgedekt met aluminiumfolie 5 min. rusten en snijd het in plakken. Verdeel de salade over 4 borden, schik de plakjes vlees erop en besprenkel met de dressing.

Bereiden ± 25 min. / marineren ± 1-12 uur / rusten ± 5 min.

* **Pimentón**, Spaans paprikapoeder, is er in drie soorten: dulce (zoet of mild), agridulce (met een vleugje scherpte) en picante (scherp). De lekkerste is pimentón de la Vera, waarvoor de paprika's boven eikenhout zijn gerookt (wat ze een opvallende rokerige smaak geeft), waarna ze worden gedroogd en tot poeder gemalen.

Doperwtenkoekjes met pancetta en zoete chilisaus

**voor- of lunchgerecht
(4 personen)**

160 g gedopte verse doperwten of 120 g diepvriesdoperwten
3 eieren
240 g verse ricotta, uitgelekt
35 g bloem
1 el olijfolie + extra om te bakken
4 bosuien, fijngehakt
8 ronde plakken pancetta* of doorregen rookspek
zoete chilisaus, zure room en doperwtenscheuten of toefjes waterkers, voor erbij

Kook de verse doperwten 5 min. in een pan kokend water met zout; kook diepvriesdoperwten 2 min. Giet ze af, dompel ze kort in ijswater en laat ze goed uitlekken.

Doe de eieren met ricotta, bloem en olie in de kom van een keukenmachine. Voeg zeezout en versgemalen zwarte peper naar smaak toe en mix alles glad. Giet het beslag in een kom en roer er doperwten en bosui door (roer als het beslag te dik is er een beetje koud water door; het moet de consistentie hebben van pannenkoekenbeslag). Laat het beslag 30 min. rusten.

Verhit intussen de grill voor op de hoogste stand.

Leg de plakken pancetta op een bakplaat en laat ze onder de grill krokant en goudbruin worden. Laat het spek op keukenpapier uitlekken en houd het warm.

Verhit een scheutje olie in een koekenpan met antiaanbaklaag op middelhoog tot hoog vuur. Schep een royale lepel beslag in de pan en bak het 1-2 min. tot de onderkant goudbruin is; keer het pannenkoekje om en bak ook de andere kant 1-2 min. Houd het warm en bak de overige pannenkoekjes op dezelfde manier.

Leg de pannenkoekjes en pancetta om en om op elkaar op een serveerschaal en serveer ze met chilisaus, zure room en doperwtenscheuten, of toefjes waterkers.
Bereiden ± 45 min. / rusten ± 30 min.

* **Pancetta** is in zout ingemaakt buikspek dat twee weken rijpt; het is plat of opgebonden tot een rol te koop. De platte soort wordt in de keuken gebruikt; de opgerolde soort is (meestal rauw) vaak onderdeel van een schotel antipasti.

Worstjes met druiven en witte wijn

**lunch- of hoofdgerecht
(4 personen)**

1 el extra vergine olijfolie + extra om te besprenkelen
12 varkenschipolata's (of neem 4 kip- of varkenssaucijsjes)
1 sjalot, fijngesneden
250 g gemengde pitloze druiven
125 ml droge witte wijn
2 tl fijngehakte rozemarijnnaaldjes
2 tl honing
geroosterd brood en fijngeknipt bieslook, voor erbij

Verhit de olijfolie in een koekenpan op middelhoog tot hoog vuur. Leg de saucijsjes erin en bak ze rondom in 8-10 min. gaar en goudbruin. Leg ze op een bord en houd ze afgedekt met aluminiumfolie warm.

Giet het teveel aan vet uit de koekenpan en zet de pan weer op middelhoog vuur. Doe sjalot en druiven erin en roerbak 3-4 min. tot de druiven zacht worden en hun sap vrijlaten. Voeg de wijn, rozemarijn en honing toe en roer nog 1 minuut tot alles goed warm is. Schep de worstjes erdoor. Serveer het worstjes-druivenmengsel op geroosterd brood, besprenkeld met extra olie en bestrooid met bieslook.

Bereiden ± 20 min.

Worstjes met jam van rodekool en rode uien

**snack of lunchgerecht
(4 personen)**

150 g krenten
30 g boter
1 el olijfolie
4 (± 400 g) rode uien, in dunne ringen
½ kleine rodekool, zeer fijn gesneden
1 teen knoflook, fijngehakt
½ tl kaneel
½ tl versgeraspte nootmuskaat
75 g bruine basterdsuiker
125 ml goede kwaliteit balsamicoazijn
8 goede kwaliteit varkens- of runderworstjes

Laat de krenten 15 min. wellen in kokend water en giet ze af.
Smelt boter en olie in een grote pan op middelhoog tot laag vuur. Laat de uien met 1 theelepel zout in 20-25 min. al roerend gaar worden en licht karamelliseren. Voeg kool, knoflook en specerijen toe en stoof de kool af en toe roerend in 20-25 min. botergaar. Doe er basterdsuiker, balsamico en uitgelekte krenten bij en stoof alles nog 10 min. tot de kool dik en stroperig is.
Verhit intussen een grillpan of de barbecue tot middelheet.
Rooster de worstjes rondom gelijkmatig bruin en keer ze regelmatig tot ze gaar zijn. Serveer ze met de jam van rodekool en rode uien.
Bereiden ± 1 uur / wellen ± 15 min.

Gebakken ei met baconjam

lunchgerecht (4 personen)

500 g bakbacon of mager rookspek, zwoerd verwijderd, fijngehakt
1 ui, fijngesneden
4 tenen knoflook, fijngehakt
125 g donkerbruine basterdsuiker
60 ml bourbon whiskey
125 ml versgezette espresso
2 el sherry- of balsamicoazijn
60 ml ahornsiroop
4 eieren

Bak het spek in een koekenpan 3-4 min. op middelhoog vuur tot het grootste deel van het vet eruit is. Schep het spek met een schuimspaan uit de pan en laat het op keukenpapier uitlekken. Giet het vet eruit (bewaar het) en doe 1 eetlepel terug in de pan.

Draai het vuur middelhoog tot laag en fruit de ui af en toe omscheppend in 5-6 min. goudbruin. Roer de knoflook erdoor, gevolgd door de basterdsuiker, bourbon, espresso, azijn, ahornsiroop, het gebakken spek en 125 ml water. Voeg zeezout en versgemalen zwarte peper toe, draai het vuur middelhoog tot hoog en breng alles tegen de kook aan. Laat het op laag vuur ± 1 uur zachtjes pruttelen tot het mengsel de consistentie van jam heeft.

Verhit een beetje achtergehouden spekvet in de koekenpan en bak de eieren zoals je ze lekker vindt. Serveer ze met een eetlepel baconjam.

Bereiden ± 1¼ uur

XO-roerbak van varkensvlees met Aziatische groenten

hoofdgerecht (4 personen)

3 el XO-saus*
1½ tl sesamolie
1½ tl chili-jam*
1 el honing
1 el lichte sojasaus
1 el zonnebloemolie
300 g varkenshaas, in dunne plakjes
1 teen knoflook, in dunne plakjes
3 cm gemberwortel, in dunne plakjes
3 bosuien, in dunne ringetjes
1 el Chinese rijstwijn (shaoshing)*
1 struik Chinese broccoli (kailan) of andere Aziatische groente
gestoomde rijst, voor erbij

Roer in een kom XO-saus, sesamolie, chili-jam, honing en sojasaus door elkaar.
    Verhit de zonnebloemolie in een wok op hoog vuur. Doe als de olie gaat roken de helft van het vlees in de pan en roerbak 1-2 min. tot het bruin is. Schep het uit de pan en roerbak de andere helft op dezelfde manier.
    Draai het vuur naar middelhoog en doe het aangebakken vlees in de wok. Voeg knoflook, gember en de helft van de bosui toe en roerbak 1 min. tot alles geurt. Doe de wijn en het XO-mengsel erbij en roerbak nog 1 min. Schep de achtergehouden bosui erdoor.
    Stoom intussen de Chinese broccoli 2-3 min. boven een pan kokend water tot de groente net gaar en nog mooi groen is. Serveer de groente bij de roerbak van varkensvlees op gestoomde rijst.
Bereiden ± 15 min.

* **XO-saus** en **Chinese rijstwijn** koop je in Aziatische supermarkten. **Chili-jam** koop je in grote supermarkten en delicatessenzaken.

Wraps met gegrilde courgette

bijgerecht (4 personen)

2 el olijfolie
2 tenen knoflook, fijngehakt
2 lange courgettes, beide uiteinden verwijderd, over de lengte in vieren
160 g versgedopte of 120 g diepvriesdoperwten
80 g gemarineerde feta, uitgelekt
70 g Griekse yoghurt
2 bosuien, fijngesneden
 + extra bosui in schuine, flinterdunne ringetjes
fijne rasp en sap van 1 (bio)citroen
4 bladeren botersla
4 bloemtortilla's, licht gegrild
15 g muntblaadjes
1 lange rode chilipeper, zaadjes verwijderd, als lucifers gesneden

Roer in een kom olie en knoflook door elkaar. Bestrijk de stukken courgette rondom met de knoflookolie en bestrooi ze met zeezout en versgemalen zwarte peper.

Verhit een grill tot goed heet. Leg de courgetterepen erop met de snijkant onder, dek ze losjes af met aluminiumfolie en gril ze 3 minuten tot ze mooie grillstrepen hebben. Keer ze op de andere vruchtvleeskant en gril ook op deze kant in 3 min. mooie grillstrepen (gril de schilkant niet, die zal verbranden).

Kook intussen de doperwten in een pan met kokend gezouten water: verse erwten 3 min. en diepvrieserwten 2 min. Giet ze af, houd eenderde van de erwten apart en prak de rest grof met een vork.

Vermeng de geprakte erwten in een kom met de uitgelekte feta en de yoghurt. Voeg bosui, citroenrasp en citroensap naar smaak toe en breng op smaak met zout en peper.

Leg voor het serveren een tortilla op elk bord met daarop een blad botersla, schep er een bergje doperwtenmix op en leg op elk ervan 2 repen gegrilde courgette.

Bestrooi met de achtergehouden doperwten, muntblaadjes, chilipeper en extra bosui en rol de tortilla's stevig op.
Bereiden ± 20 min.

Halloumi met mediterrane salade

hoofdgerecht (4 personen)

200 g fregola*
6 romatomaten (± 360 g),
 zaadjes verwijderd, gehakt
12 ontpitte kalamataolijven,
 grof gehakt
12 ontpitte groene olijven,
 grof gehakt
6 gemarineerde
 artisjokharten, grof gehakt
1 bosui, fijngehakt
1 el kleine kappertjes,
 afgespoeld en uitgelekt
1 partje ingemaakte citroen*,
 vruchtvlees verwijderd,
 schil fijngehakt
30 g geroosterde
 pijnboompitten
8 g muntblaadjes + extra om
 te garneren
1 el fijngesneden
 bladpeterselie
1 el fijngesneden basilicum
250 g halloumikaas*,
 in parten
60 ml extra vergine olijfolie
 + extra om in te vetten
2 el citroensap +
 citroenpartjes, voor erbij

Kook de fregola volgens de aanwijzingen op het pak, doe de korrels in een schaal en meng er gehakte tomaten, olijven, artisjokken, bosui, kappertjes, ingemaakte citroenschil, pijnboompitten en kruiden door. Zet opzij.

Verhit een grillpan of barbecue tot middelheet of heet.

Spoel de halloumi onder de koude kraan om het zout te verwijderen, dep de stukken met keukenpapier droog en bestrijk ze met olijfolie. Rooster ze in 1 min. aan elke kant knapperig en goudbruin. Houd de kaas warm.

Klop olie en citroensap met zout en peper naar smaak door elkaar, sprenkel dit over de salade en schep alles luchtig door elkaar. Zet de halloumiparten op de salade, garneer met extra muntblaadjes en serveer het gerecht met de partjes citroen. Bereiden ± 35 min.

* **Fregola** (kleine Sardijnse pasta) is te koop bij winkels met Italiaanse producten. Vervang de fregola als je hem niet kunt vinden door de Arabische mograbieh (van de Marokkaanse supermarkt) of Israëlische grove couscous (Midden-Oosterse supermarkt). **Ingemaakte citroenen** zijn citroenen die in zout en citroensap worden ingelegd, waaraan soms kruiden zoals laurier en chilipeper worden toegevoegd. Kijk voor een recept op deliciousmagazine.nl/ingemaaktecitroenen. **Halloumi** is een stevige verse kaas, meestal van koemelk. De kaas is heel geschikt om te bakken of te grillen en krijgt daardoor meer smaak: knapperig vanbuiten en zacht vanbinnen. Te koop in de goed gesorteerde mediterrane supermarkt.

Bietenburgers

**lunchgerecht of hapje
(4 personen)**

30 g boter
1 grote (200 g) rauwe biet,
　grof geraspt
1 ui, geraspt
1 el rodewijnazijn
300 g gekookte aardappels,
　geprakt
1 el zure room
　+ extra voor erbij
1 el geraspte mierikswortel
　uit een pot
　+ extra voor erbij
zonnebloemolie, om in te
　bakken
bloem, om te bestuiven
4 hamburgerbroodjes,
　geroosterd
plakken tomaat,
　peulenscheuten, plakjes
　avocado, rode-uiringen en
　slabladeren, voor erbij

Smelt de boter in een koekenpan op laag vuur, voeg biet, ui en azijn toe en roerbak alles in 10 min. bijna gaar. Meng de biet in een kom met aardappelkruim, zure room en mierikswortel en breng op smaak met zeezout en versgemalen zwarte peper. Vorm 4 ronde burgers van het mengsel en laat ze 20 min. in de koelkast opstijven.
　Verhit 1 cm olie in een koekenpan op middelhoog tot hoog vuur.
　Bestuif de burgers rondom met bloem en bak ze aan elke kant 2 min. tot ze rondom goudbruin zijn. Serveer de burgers in een geroosterd hamburgerbroodje met tomaat, peulenscheuten, avocado, rode ui en slablaadjes en geef er extra room en mierikswortel bij.
Bereiden ± 50 min. / wachten ± 20 min.

Bruschetta met asperges, tuinbonen en ei

**voor- of lunchgerecht
(4 personen)**

2 bossen groene asperges
300 g gedopte verse of diepvriestuinbonen
60 g boter
1 el citroensap
1 tl wittewijnazijn
4 eieren
4 sneetjes zuurdesembrood
1 teen knoflook, gehalveerd
olijfolie, om te bestrijken en te besprenkelen
30 g geschaafde pecorino*

Snijd 2-3 cm (het harde deel) van de onderkant van de asperges. Blancheer de asperges en de tuinbonen in 2 min. in kokend water met zout beetgaar. Giet de asperges af en dompel ze in ijskoud water. Druk de zachte groene tuinboontjes uit de vliezen. Smelt de boter in een pan op middelhoog vuur, smoor asperges en tuinbonen 1 min. en wentel de groenten daarbij door de boter. Voeg het citroensap toe en meng alles weer, neem de pan van het vuur en zet de groenten apart.

Breng intussen een ondiepe pan met water aan de kook, voeg de wijnazijn toe en draai het vuur middelhoog tot laag. Breek de eieren in het nog net bewegende water en pocheer 5 min. tot het eiwit gestold is en de dooiers nog vloeibaar zijn. Schep de eieren met een schuimspaan uit de pan en houd ze warm.

Rooster de sneetjes brood in 1-2 min. aan elke kant lichtbruin. Wrijf de toast met de snijkant van de knoflookteen in en bestrijk met olie. Verdeel de groenten op de toast, leg er een gepocheerd ei op, bestrooi de groenten met de kaas en besprenkel met olie. Bestrooi de bruschetta met zout en zwarte peper en serveer direct. Bereiden ± 30 min.

* **Pecorino** is een harde schapenmelkkaas, te koop bij kaaswinkels en supermarkten. Vervang de pecorino eventueel door parmezaan.

Auberginetimbaaltjes met pesto

**lunch- of voorgerecht
(4 personen)**

2 tenen knoflook, fijngehakt
125 ml extra vergine olijfolie
2 aubergines (± 600 g), in
 1 cm dikke plakken
300 g ricotta
1 potje van 200 g goede
 kwaliteit pesto
250 g cherry-trostomaatjes
5 g basilicumblaadjes
ook nodig: 4 ramequins of
 timbaalvormpjes van
 250 ml inhoud, ingevet
 met olie

Laat een grillpan of barbecue middelheet tot heet worden.
 Roer de knoflook en 80 ml olijfolie in een kom door elkaar. Bestrijk beide kanten van de aubergineplakken met de knoflookolie. Rooster de plakken in porties 1 min. aan een kant; draai ze 90 graden en rooster ze weer 1 min. (ze hebben dan een donker ruitpatroon). Keer de plakken om en rooster ze op dezelfde manier. Laat ze afkoelen.
 Verwarm de oven voor op 200 °C.
 Doe de ricotta in een schaal en breng op smaak met zout en peper. Leg in elke vorm een plak geroosterde aubergine en zet er 1 volle eetlepel ricotta op met daarop 1 eetlepel pesto. Vul de vormen op deze manier met de overgebleven ingrediënten en eindig met een plak aubergine.
 Zet de ramequins op een bakplaat en bak ze 15 min. in de oven.
 Haal de bakplaat uit de oven en leg de tomatentrosjes erop naast de timbaaltjes. Besprenkel ze met 1 eetlepel olie en bestrooi ze met zout en peper. Zet de bakplaat weer 8 min. in de oven tot de tomaten net zachter en de timbaaltjes goed heet zijn. Haal ze uit de oven en laat ze 5 min. rusten.
 Verhit de overgebleven olie in een koekenpan op middelhoog vuur en bak de basilicumblaadjes in 15 sec. knapperig. Schep ze met een schuimspaan op keukenpapier.
 Stort de timbaaltjes op vier borden en bestrooi ze met zout en peper. Garneer met de geroosterde tomaatjes en gefrituurde basilicumblaadjes en serveer.
Bereiden ± 25 min. / oven ± 25 min.

Asperges met gepaneerde halloumi

**voor- of lunchgerecht
(4 personen)**

1 el honing
1 tl dijonmosterd
2 el appelazijn
80 ml extra vergine olijfolie
300 g groene asperges,
    gegrild of geblancheerd
3 sinaasappels, gepeld,
    partjes tussen de vliesjes
    uit gesneden
25 g rucola
75 g bloem, gekruid met
    zeezout en versgemalen
    zwarte peper
2 eieren, losgeklopt
50 g panko*
20 g geraspte parmezaan
300 g halloumi*, uitgelekt,
    in dikke driehoekjes
olijfolie, om te bakken
takjes verse kruiden (bijv.
    dragon), om te garneren

Klop in een kom honing, mosterd, azijn en extra vergine olijfolie door elkaar.
    Vermeng in een andere kom asperges, sinaasappelpartjes en rucola.
    Doe de bloem en het ei in afzonderlijke diepe borden. Vermeng het broodkruim en de parmezaan in een derde bord. Haal de driehoekjes halloumi eerst door de bloem, wentel ze in het ei en tot slot door het broodkruimmengsel. Laat de paneerlaag 15 min. in de koelkast opstijven.
    Verhit 1 cm olie in een koekenpan op middelhoog tot hoog vuur en bak de halloumi, zo nodig in porties, in 1 min. aan elke kant goudbruin en knapperig.
    Meng voor het serveren de dressing door de salade en schik de halloumi en verse kruiden erop.
Bereiden ± 40 min. / wachten ± 15 min.

* **Panko** (Japans broodkruim) geeft een heel krokante paneerlaag; je kunt panko door gewoon paneermeel vervangen. Het is te koop bij de toko of grote supermarkten. **Halloumi** is een stevige verse kaas. De kaas is heel geschikt om te bakken of te grillen en krijgt daardoor meer smaak: knapperig vanbuiten en zacht vanbinnen. Te koop in de goed gesorteerde mediterrane supermarkt.

Spinaziegnudi met salieboter

voorgerecht (4 personen)

150 g fijne spinazie, steeltjes verwijderd
360 g verse ricotta, goed uitgelekt
een snuf nootmuskaat
60 g fijngeraspte parmezaan
 + extra voor erbij
2 eierdooiers, losgeroerd
75 g bloem, gezeefd
 + extra om te bestuiven
100 g boter
16 salieblaadjes

Laat de spinazie in een pan met kokend gezouten water 1 min. slinken. Giet de groente af en spoel onder de koude kraan; knijp er zo veel mogelijk vocht uit.

Hak de spinazie fijn en meng hem in een kom met ricotta, nootmuskaat, parmezaan en eierdooiers. Meng er zout en peper naar smaak door, gevolgd door de bloem. Het moet een enigszins plakkerig mengsel zijn, maar niet te nat – doe er zo nodig nog een beetje bloem bij. Vorm walnootgrote balletjes van de ricotta en bestuif ze licht met bloem.

Pocheer de ricottaballetjes 3-5 min. in een grote pan met net niet kokend gezouten water tot ze komen bovendrijven. Schep ze met een schuimspaan uit de pan op een schaal.

Smelt intussen de boter in een koekenpan op middelhoog vuur. Doe de salie erin en laat de boter 2-3 min. borrelen tot de salie krokant en de boter lichtbruin is.

Doe de gnudi in de pan en schud ze voorzichtig door de boter. Verdeel de gnudi met de gebruinde boter op de borden en bestrooi ze met de extra parmezaan.

Bereiden ± 25 min.

Knapperige polenta met paddenstoelen, truffelolie en taleggio

voorgerecht (4 personen)

500 ml kippen- of groentebouillon
85 g instantpolenta
80 g fijngeraspte parmezaan
30 g boter, in stukjes
125 ml olijfolie
350 g gemengde paddenstoelen, grote exemplaren in plakjes
2 tenen knoflook, fijngehakt
1 el gehakte tijmblaadjes
1 el gehakte dragonblaadjes
1 el truffelolie* + extra voor erbij
100 g taleggio of andere zachte kaas met gewassen korst, korst verwijderd, fijngehakt
fijngesneden bladpeterselie
ook nodig: een plastic schaal of bakvorm van 16 x 10 cm, ingevet

Breng de bouillon in een pan op middelhoog tot hoog vuur aan de kook en draai het vuur dan laag. Giet al roerend de polenta in de bouillon en laat deze nog steeds roerend in 2-3 min. gaar worden. Roer de parmezaan en boter erdoor, breng op smaak met zout en peper en giet de polenta in de ingevette schaal of vorm. Laat afkoelen, zet de polenta 30 min. in de koelkast om op te laten stijven en snijd er acht rechthoeken van 8 x 2 cm van.

Verhit 80 ml olijfolie in een koekenpan op middelhoog tot hoog vuur. Bak de polentarepen in porties in 2-3 min. aan elke kant goudbruin. Houd ze warm.

Veeg de koekenpan met keukenpapier schoon en voeg de overgebleven olijfolie toe. Zet de pan op hoog vuur. Bak de paddenstoelen in 2 porties steeds 2-3 min. tot ze zachter zijn. Doe alle paddenstoelen in de pan met knoflook, tijm, dragon en truffelolie. Doe er zout en peper bij en roerbak alles nog 1 min.

Verdeel de polenta over de borden, schep de paddenstoelen erop en strooi de taleggio erover zodat de kaas enigszins smelt. Bestrooi met peterselie, besprenkel met nog wat truffelolie en serveer.

Bereiden ± 25 min. / koelen ± 30 min.

* **Truffels** zijn zeer aromatische paddenstoelen; vooral de zwarte truffels uit de Périgord zijn beroemd. **Truffelolie** is een goedkoper alternatief, maar gebruik deze olie spaarzaam, want de geur en het aroma overheersen snel. Je koopt truffelolie in delicatessenzaken of Italiaanse winkels; vervang hem eventueel door extra vergine olijfolie.

Sandwiches met aardbeien en brie

**snack of lunchgerecht
(4 stuks)**

8 sneetjes brioche
40 g boter
50 g aardbeienjam
250 g aardbeien, ontkroond,
   in plakjes
175 g koude brie, in 1 cm
   dikke plakken
1-2 el fijne kristalsuiker
poedersuiker, om te
   bestuiven

Besmeer de sneetjes brioche met de helft van de boter. Besmeer de onbesmeerde kanten van 4 sneetjes met jam, leg er pakjes aardbei en de plakken brie op. Bedek met de overige 4 sneetjes brioche met de beboterde kant boven. Bestrooi de sandwiches met suiker.

Smelt de overgebleven boter in een koekenpan op middelhoog vuur. Leg er twee sandwiches in en bak ze 1-2 min. aan elke kant, druk ze rustig aan met een spatel tot het brood goudbruin en de brie gesmolten is. Houd ze warm en bak de overige twee sandwiches op dezelfde manier. Serveer ze bestrooid met poedersuiker. Bereiden ± 20 min.

Register

aardbeien en brie, sandwiches 124
asperges
    bruschetta met tuinbonen en ei 114
    met gepaneerde halloumi 118
auberginetimbaaltjes met pesto 116

barbecue
    geroosterde garnalen 44
    tapas 78
bietenburgers 112
brie en aardbeien, sandwiches 124
bruschetta met asperges, tuinbonen en ei 114
bulgogi met snelle pickles 12
burgers
    bietenburgers 112
    peppersteakburger 18
    tonijnburgers met wasabi 50
    vitello-tonnatoburgers 8

caesarsalade
    dressing 82
    met kip in pankokorst 82
calamari, Griekse salade met 52
cevapi 20
chermoula-vis met tahinsaus 60
chorizo en kip, tapas 78
cocktail met geroosterde garnalen 44
coquilles met bloemkoolskordalia en kerriedressing 56
courgettewraps 108
currysaus, worstjes in 22

doperwten
    koekjes met pancetta en zoete chilisaus 98
    salade met feta 34
dressings
    caesar- 82
    kerrie- 56
    limoen- 42
    limoen-gembermayo 70
    tahin- 38
    vinaigrette 52
    zwarte-azijn- 54
dumplings, spinaziegnudi met salieboter 120

een lekkere lams-wrap 32
eieren
    bruschetta met asperges, tuinbonen en ei 114
    gebakken ei met baconjam 104
    Spaanse eieren 94

garnalen
    cocktail met geroosterde garnalen 44
    Mexicaanse maïskoekjes met avocado en 58
    pittige knoflookgarnalen in bier 66
gebakken ei met baconjam 104
gebakken vis en tartaarsaus met moutazijn 46
gefrituurde pijlinktvis met limoen-gembermayo 70
gegrilde courgette, wraps 108
gekruide lamskoteletjes en doperwtensalade met feta 34
gemarineerde groenten 50
    snelle pickles 12
gnudi, spinazie, met salieboter 120
gremolata, Aziatische 76
Griekse salade met calamari 52
groene thee en Japans gekruide rijst, yakitori 26
groentechips, pittige, met lamskoteletjes 28

halloumi
    asperges met gepaneerde halloumi 118
    met mediterrane salade 110
hummus, pittige 40

in thee 'gerookte' zalm 48

kalfsvlees
    vitello-tonnatoburgers 8
kebabs
    rozemarijn-lamskebabs met citroen-olijvenrelish 30
    zie ook spiesen
kerriedressing 56
kikkererwten-sperziebonensalade, lamsfilets in za'atar-korst 38
kip
    Caesar salade 82
    kip met Tunesische specerijen, hummus en granaatappel 74
    met wasabikruim 80

    Mexicaanse, met rokerige tomatensalsa 72
    oreganokip op bonen-olijvensalade 84
    pittige, met lepelsalade 88
    tapas op de barbecue 78
knapperige polenta met paddenstoelen, truffelolie en taleggio 122
knoflookgarnalen in bier, pittige 66
komkommersalade met rundvlees aan citroengrasspiesen 6
koteletten, lams-,
    gekruide en doperwtensalade met feta 34
    met pittige groentechips 28
koteletten, varkens-, met snelle perzikchutney 90
kruim, wijting met citrussalade en 64
kwartel
    geplette, met Aziatische gremolata 76
    met rozenblaadjes en yoghurt 86
lamsvlees
    een lekkere lams-wrap 32
    gekruide lamskoteletjes en doperwtensalade met feta 34
    lamsfilets in za'atar-korst met kikkererwten-sperziebonensalade 38
    lamsgehaktballetjes met ingemaakte citroen en geplette-tuinbonensalade 36
    lamskoteletjes met pittige groentechips 28
    limoen-gembermayo 70
    rozemarijn-lamskebabs met citroen-olijvenrelish 30
lepelsalade, pittige kip met 88
limoen-gembermayo 70

maïskoekjes, Mexicaanse, met avocado en garnalen 58
mayo, limoen-gembermayo 70
Mediterrane salade, met halloumi 110
Mexicaanse kip met rokerige tomatensalsa 72
Mexicaanse maïskoekjes met avocado en garnalen 58
Mexicaanse steaksandwich 16
Moorse rundvleesspiesen met bloemkoolcouscous 14

oreganokip op bonen-olijvensalade 84

paddenstoelen, polenta met truffelolie en taleggio 122
pankokorst, caesarsalade met kip in 82
peppersteakburger 18
pittige hummus 40
pittige kip met lepelsalade 88
pittige knoflookgarnalen in bier 66
pittige zwaardvis met avocado-limoensalsa 62
pijlinktvis, gefrituurde, met limoen-gembermayo 70
polenta met paddenstoelen, truffelolie en taleggio 122

ribeye met frambozensaus 24
rozemarijn-lamskebabs met citroen-olijvenrelish 30
rundvlees
    bulgogi met snelle pickles 12
    Moorse rundvleesspiesen met bloemkoolcouscous 14
    ribeye met frambozensaus 24
    rundvlees aan citroengrasspiesen met komkommersalade
    steak met snelle bearnaise 10
    worstjes met jam van rodekool en rode uien 102
    yakitori met groene thee en Japans gekruide rijst 26

salades
    caesarsalade met kip in pankokorst 82
    gekruide lamskoteletjes en doperwtensalade met feta 34
    Griekse salade met calamari 52
    halloumi met mediterrane salade 110
    lamsfilets in za'atar-korst met kikkererwten-sperziebonensalade 38
    lamsgehaktballetjes met ingemaakte citroen en geplette-tuinbonensalade 36
    oreganokip op bonen-olijvensalade 84
    pittige kip met lepelsalade 88
    rundvlees aan citroengrasspiesen met komkommersalade 6

varkensvlees op Spaanse wijze en sinaasappelsalade met maanzaad 96
wijting in kruim met citrussalade 64
zalmspiesen met venkel-sinaasappelsalade 42
saltimbocca van varkensworstjes 92
sandwiches met aardbeien en brie 124
sauzen
    cocktail 44
    limoen-gembermayo 70
    tonnato 8
    zie ook dressings
schaal- en schelpdieren, *zie* calamari; coquilles; garnalen; inktvis en vis
sinaasappelsalade met maanzaad 96
Spaanse eieren 94
Spaans varkensvlees en sinaasappelsalade met maanzaad 96
sperziebonen-kikkererwtensalade 38
spiesen
    Moorse rundvleesspiesen met bloemkoolcouscous 14
    rozemarijn-lamskebabs met citroen-olijvenrelish 30
    rundvlees aan citroengrasspiesen met komkommersalade 6
    zalmspiesen met venkel-sinaasappelsalade 42
spinaziegnudi met salieboter 120
steak
    met snelle bearnaise 10
    Mexicaanse steaksandwich 16
    peppersteakburger 18

tahindressing 38
tapas op de barbecue 78
thee, in thee 'gerookte' zalm 48
timbaaltjes, aubergine- met pesto 116
tomatensalsa 72
tonijn
    burgers met wasabi 50
    met groene-theenoedels 54
tonnatosaus 8
tuinbonensalade, geplette- 36
Tunesische specerijen, hummus en granaatappel, kip met 74

varkenskoteletten met snelle perzikchutney 90

varkensvlees op Spaanse wijze en sinaasappelsalade met maanzaad 96
venkel-sinaasappelsalade, zalmspiesen met 42
vis
    chermoula-vis met tahinsaus 60
    gebakken vis en tartaarsaus met moutazijn 46
    gefrituurde pijlinktvis met limoen-gembermayo 70
    in thee 'gerookte' zalm 48
    pittige zwaardvis met avocado-limoensalsa 62
    tonijn met groene-theenoedels 54
    tonijnburgers met wasabi 50
    wijting in kruim met citrussalade 64
    zalm met tomaat-kokossambal 68
    zalmspiesen met venkel-sinaasappelsalade 42
vitello-tonnatoburgers 8

wasabikruim, kip met 80
wijting in kruim met citrussalade 64
witte wijn, worstjes met druiven en 100
worstjes
    cevapi 20
    in currysaus 22
    met druiven en witte wijn 100
    met jam van rodekool en rode uien 102
    saltimbocca van varkensworstjes 92
wraps
    lams- 32
    met gegrilde courgette 108

XO roerbak van varkensvlees met Aziatische groenten 106

yakitori met groene thee en Japans gekruide rijst 26

za'atar-korst, lamsfilets in, met kikkererwten-sperziebonensalade 38
zalm met tomaat-kokossambal 68
zalmspiesen met venkel-sinaasappelsalade 42
zwaardvis met avocado-limoensalsa, pittige 62

Oorspronkelijke titel
delicious.sizzle

delicious 60 x grillrecepten bevat recepten die eerder zijn verschenen in delicious. het kookboek! (2010), delicious. lekker koken! (2011), delicious. lekker thuis! (2012), delicious. samen koken! (2014) en delicious. agenda's.

Verschenen in 2015 bij
HarperCollins Publishers Australia Pty Limited

© 2015: NewslifeMedia

Culinaire leiding: Valli Little **Fotografie:** Brett Stevens, Ian Wallace, Jeremy Simons **Styling:** David Morgan, Louise Pickford **Ontwerp:** Hazel Lam, HarperCollins Design Studio

© 2015 Voor de Nederlandstalige uitgave:
Fontaine Uitgevers BV, Hilversum
www.fontaineuitgevers.nl

Vertaling en bewerking Hennie Franssen-Seebregts
Eindredactie efef.com
Zetwerk Mat-Zet bv, Soest

ISBN 978 90 5956 654 5
NUR 440

Alle rechten voorbehouden. Niets uit deze uitgave mag worden gereproduceerd of overgedragen in welke vorm of op welke manier ook zonder schriftelijke toestemming vooraf van de uitgever.

delicious. Nederland / New Skool Media
Hoofdredacteur Makkie Mulder **Artdirector** Janine Couperus **Vormgeving** Manon Suykerbuyk (assistent artdirector) **Marketingmanager** Jenny Meester **Marketingassistent** Arjan van Rijn **Projectredacteur** Muriël Schrijn **Tekst- en eindredactie** Marion de Boer, Laura van Heusden (coördinator), Laurien Istha **Culinaire redactie** Dosia Brewer, Trudelies Schouten, Merijn Tol **Testkok** Egdie Brouwer

Mail bij vragen over de recepten:
delicious@newskoolmedia.nl of ga naar www.deliciousmagazine.nl

1 tl = 5 ml
1 dessertl = 10 ml
1 el = 15 ml

Oventemperaturen gelden voor gasoven en/of elektrische oven. Voor een heteluchtoven verlaag je de temperatuur met 15 % (200 °C wordt dan 170 °C).